Karl Schultz

Weitenhagen in den 1940er Jahren

Aufzeichnungen eines Lehrers

Ergänzungen zur Chronik von Weitenhagen

Karl Schultz und seine Ehefrau Anna

überarbeitet und ergänzt von
Helmut Dietrich

Herausgeber: Dr. habil. Helmut Dietrich

Herstellung und Verlag: BoD - Books on Demand, Norderstedt

ISBN: 9783753439075

Titelbild: Weg im Weitenhäger Wald

Vorwort

Das Buch, das Sie gerade in Ihrer Hand halten, ist eine Ergänzung der „Heimatgeschichte von Weitenhagen - eine Chronik" von Karl Schultz, veröffentlicht im Jahre 2014 bei BoD - Books on Demand, Norderstedt.

Es sind im eigentlichen Sinne Tagebuch - Aufzeichnungen von Fakten und Abläufen in den 40er Jahren für Weitenhagen und Umgebung, ohne Wertungen und Emotionen. Auch Zeitungsausschnitte bzw. Inhalte aus Zeitungsartikeln wurden in die Schriften eingefügt. Karl Schultz hat neben den allgemeinen und den für Weitenhagen spezifischen Folgen der Kriegs- und Nachkriegszeit, insbesondere die inhaltliche, strukturelle und personelle Wandlung des Bildugswesens, speziell der Schulen aufgeschrieben.

Die Arbeit ist vor allem denen gewidmet, die in den Kriegs- und Nachkriegsjahren in der Gemeinde Weitenhagen ihr Leben lassen mussten.

Helmut Dietrich

Inhalt

1939

Der wettermässig schöne Sommer neigte sich dem Ende zu …
Am 26. August wurde Lehrer Dr. Kleist zum Wehrdienst einberufen.
Durch Verfügung des Herrn Regierungspräsidenten in Stettin vom 7. November 1939 (- II.6. / 2 A Weitenhagen - Schule -) wurde „dem Hauptlehrer a. D. Schultz unter Berufung in das Beamtenverhältnis auf Widerruf vom 11. September 1939 an bis auf weiteres die aushilfsweise Verwaltung einer nicht freien Lehrerstelle für einen zum Wehrdienst einberufenen Lehrer an der Volksschule in Weitenhagen übertragen. Er führt die Dienstbezeichnung „Hauptlehrer auf Widerruf" und erhält eine Vergütung in Höhe seines letzten Diensteinkommens vor Beendigung des Beamtenverhältnisses."
Dazu muss man folgendes wissen: Im September 1936 war Hauptlehrer K. Schultz an einem chronischen Beinleiden erkrankt und auf Anraten des Arztes zum 1. Januar 1937 in den Ruhestand getreten.
Herbstferien sind vom 21. September bis zum 10. Oktober einschließlich.
Durch Verfügung vom 3.10.1939 - Tagebuch Nr. 1635 - ersucht der Schulrat in Greifswald um Namhaftmachung von Jungen und Mädchen, die geeignet und bereit sind, die Aufbaulehrgänge zur Vorbereitung auf das Studium an der Hochschule für Lehrerbildung (unter Verzicht auf das Abitur) zu besuchen. Vorgeschlagen wurde Thea Becker, aber aus dem Vorhaben wurde letztlich nichts.
An der Schülervorstellung im Stadttheater Greifswald („Steding Renke") am 26. November 1939 nahmen 21 Erwachsene und 33 Kinder teil.
Am 26. November 1939 wurden in Greifswald und Umgegend baltendeutsche Rückwanderer aus Lettland (von wo aus etwa 60 000 auf den Ruf des Führers in ihre deutsche Heimat zurückkehrten) untergebracht. Sie waren von Riga aus mit dem Dampfer bis Gotenhafen (poln. Gdingen) und von dort aus mit der Eisenbahn über Stettin hierher befördert worden. In der Gemeinde Weitenhagen fanden etwa 170 von ihnen Unterkunft, davon in den Ortschaften Weitenhagen und Potthagen 70 bis 80.
An der Schüler - Weihnachtsveranstaltung am 17. Dezember 1939 im Stadttheater („Der Lügenpeter") nahmen von hier aus 66 Erwachsene, 79 Schulkinder und 18 jüngere Kinder teil. Die Kleinbahn stellte, von Jarmen aus, einen Extrazug.
Weihnachtsferien: Schluss des Unterrichtes ist am Mittwoch, dem 20. Dezember 1939; Beginn des Unterrichtes ist am Donnerstag, den 4. Januar 1940.

1940

Nach Neujahr setzte eine lange, strenge Frostperiode ein, wie sie sich die lebende Generation nicht mehr erinnern konnte. Während im Winter 1928/29 der zeitweise wohl noch härtere Frost nach einigen Tagen wieder nachließ, dehnte sich die diesjährige Frostperiode mit etwa 20 Grad C Kälte bis Anfang April aus (1. und 2. April -8 bis -10 Grad C). Für die Saat war es günstig, dass schon vor Neujahr reichlich Schnee gefallen war.

Am 15. und 28. Januar, 15. Februar und 14. März setzten starke Schneestürme ein, die den Verkehr lahmlegten. In der Zeit vom 28. Januar bis zum 23. Februar konnte die Kleinbahn nur am 11. Februar fahren und am 15. und 16. Februar setzte auch die Reichsbahn aus. Mitte März begann bei bedecktem Himmel Tauwetter mit Regen, so dass Ostern (24./25. März) nur noch Schnee an schattigen, geschützten Stellen lag. Aber um den 1. und 2. April fiel das Thermometer abermals auf -8 bis -10 Grad, dann bewegte es sich längere Zeit ständig um den Nullpunkt herum. Infolge der starken Eisbildung in der Ostsee war auch der ganze Mai ständig kühl, und erst der Juni brachte warme Tage. Es zeigte sich, dass zahlreiche Obstbäume, insbesondere ältere Sorten, erfroren waren.

Am 16. Januar sollten zirka 1000 Baltendeutsche nach dem Warthegau übergesiedelt werden. Der Schneesturm in der Nacht vom 15. zum 16. Januar jedoch legte unsere Kleinbahn still, so dass die Fahrt abgesagt werden mußte. Die Gutsverwaltung Guest schickte gegen Mittag einen Schlitten zur Schule, um die Kinder abzuholen. Die Grubenhagener Kinder waren gar nicht erst gekommen. Nach einigen dann folgenden ruhigen und milden Tagen setzte der Schneesturm am 20. Januar erneut ein. Am Donnerstag, dem 25. Januar wurden die Schulen Pommerns wegen der strengen Kälte und der Schneeverwehungen bis auf weiteres (bis einschließlich dem 5. März) geschlossen.

Am 30. und 31. Januar lag in den einzelnen Ortschaften der Gemeinde das „Goldene Buch" für eine Spendensammlung aus. Das Sammelergebnis betrug 647,55 RM gegenüber 232,45 RM im Jahr 1939.

Am 16. Februar rief der Bürgermeister zum gemeinsamen Schneeschippen auf, um besonders die Dorfstraße, den Damm zur Gützkower Landstraße, den Weg nach Klein Schönwalde und die Kleinbahnstrecke frei und passierbar zu machen. An dieser Arbeit beteiligten sich auch unsere baltischen Gäste. Auf der Kleinbahnstrecke waren außerdem Bahnbeamte, auch Soldaten und polnische Kriegsgefangene, eingesetzt. Wenn die Strecke des Nachts auch immer wieder zuwehte, so dass nicht einmal der Schneepflug durchkommen konnte, wurden die Räumungsarbeiten bis zum 23. Februar jedoch so weit geschafft, dass die Bahn vom 24. Februar an den Verkehr wieder aufnehmen konnte.

Bei diesen Räumungsarbeiten nahm der frühere Waldarbeiter und jetzige Rentner Wilhelm Paukewaldt aus Potthagen, 81 Jahre alt, Gelegenheit, mir aus seiner frühen Schulzeit zu erzählen:

Als er 7 oder 8 Jahre alt war, wohnte in dem zweiten Haus östlich der Kleinbahn (jetzt Schlächtermeister Sulies) ein Ehepaar Haase. Der Mann war Waldarbeiter, die Frau war lahm und ging an einer Krücke. Sie versammelte täglich eine Anzahl Kinder um sich und unterrichtete sie, während sie spann und strickte. Manchmal erhielten die Kinder auch eine Tasse Kaffee. Bei dieser Frau hat er seinen ersten Unterricht erhalten. Die Leute selbst hatten keine Kinder, aber einen Knaben angenommen, den sie auch Haase nannten. Dem wollte die Frau das Grundstück vererben. Das wollte ihr Mann nicht, und darüber kam es zwischen den Eheleuten zu Zwistigkeiten. Eines Tages kam der Mann mit zwei neuen Strängen von Greifswald an dem Grundstück des Schusters Kleinfeldt (Hausnummer 22, gegenüber der heutigen Schmiede) vorbei. Kleinfeldt fragte ihn, was er mit den Strängen wollte. Haase sagte: „Einer für meine Ziege, der andere für mich." Kleinfeld redete noch auf ihn ein, um ihn von seinem Vorhaben abzubringen; aber nach einigen Tagen fand man Haase erhängt im Walde.

Herr Paukewaldt war jetzt 81 Jahre alt. Mit 7 - 8 Jahren weilte er bei der Frau Haase, das heißt, das ist 74 Jahre zurück. Das war also um 1866. Etwa in der gleichen Zeit hatte die Familie Haase ihren Adoptivsohn angenommen. Nimmt man nun an, dass der Adoptivsohn etwa 20 Jahre alt war, als das Ehepaar das Haus vererben wollte, dann ergibt sich etwa ein Zeitraum von 1880 - 1890 oder 1900 für den Selbstmord von Herrn Haase.

Am 6. März begann der Unterricht wieder. Am 20. März wurden 7 Knaben und 7 Mädchen wegen Beendigung der Schulpflicht aus der Schule entlassen. Wegen des Schulausfalls im Winter wurden die Osterferien um 12 Tage gekürzt. Sie dauerten vom 21. bis zum 27. März einschließlich.

Am 11. März reisten 38 der hier untergebrachten Baltendeutschen mit anderen zusammen per Extrazug nach Posen ab, nachdem einige von ihnen, für die sich im Warthegau bereits Berufsmöglichkeiten boten, dorthin schon abberufen worden waren.

1940 wurde der Motor für die Orgel auf dem Kirchenboden aufgestellt, so dass fortan durch den Küster die Bälge nicht mehr bedient zu werden brauchten. (Er muss aber doch bereit sein für den Fall, dass der elektrische Strom unversehens aussetzt.) Küster Sorge, der fast 24 Jahre (die ersten Jahre als Totengräber) den Küsterdienst versehen hatte, legte wegen seines Alters sein Amt nieder. An seine Stelle trat der Landwirt Heinrich Labahn und nach ihm Hermann Schwarz (1946). Dessen Nachfolger war ab dem 1.10.1951 Max Skripjak.

An der Westseite des Friedhofs wurde von der Steinmauer an 1940, und an der Südseite 2 Jahre später, eine Maulbeerhecke gepflanzt, die 2 oder 3 Jahre lang die Blätter für die Seidenraupenzucht in der Schule liefern sollte.

Am 28. März sind 18 Kinder, 7 Knaben und 11 Mädchen, in die Schule aufgenommen worden.

Mit Beginn des Schuljahres wurde die neue Richtlinie (Runderlass vom 15. Dezember 1939) der Erziehung und dem Unterricht in der Volksschule zugrunde gelegt und damit gleichzeitig die bisher gültigen Richtlinien für die unteren Jahrgänge der Volksschule außer Kraft gesetzt. Die Klassen werden von jetzt an vom ersten Schuljahr an gezählt, so dass in unserer Schule das erste bis vierte Schuljahr die 1. Klasse und das fünfte bis achte Schuljahr die 2. Klasse bilden. Bisher erfolgte die Klassenbezeichnung in umgekehrter Reihenfolge.

Am 12. April wurden die letzten etwa 74 Baltendeutschen aus der Gemeinde (nur Weitenhagen und Potthagen 34) nach Litzmannstadt, polnisch Lodz, abberufen, woselbst sie bis zu ihrer endgültigen Ansiedlung in einem Lager untergebracht wurden. Es blieben nur 2 ältere Frauen hier, die in einem Heim untergebracht werden sollten.

Bis zum 20. April ist im Reich eine Metallsammlung (Kupfer, Messing, Blei, Zinn, Nickel) als Geburtstagsgeschenk für den Führer zur Verwendung für Kriegszwecke durchgeführt worden. Die Sammlung erbrachte in unserer Gemeinde (Sammelstelle Schule Weitenhagen) 380 Kilogramm.

Die Pfingstferien 1940 waren vom 10. Mai (Schluß des Unterrichtes) bis zum 16. Mai (Beginn des Unterrichtes), die Sommerferien waren vom 26. Juni (Schluß des Unterrichtes) bis zum 15. August (Beginn des Unterrichtes).

Zur Bergung der Ernte wurden in der Gemeinde zahlreiche polnische, später belgische Kriegsgefangene eingesetzt. Die Gefangenen waren untergebracht im Saal der Gastwirtschaft Großklaus in Potthagen, wo die Gefangenen auch gemeinsam verpflegt wurden.

Am 28. April war eine Schülervorstellung im Stadttheater: Ortners „Isabella von Spanien".

Fliegeralarm !!!

Am 4. September ist durch eine Rede des Führers das 2. Kriegs - WHW (Winterhilfswerk) eröffnet worden. In dieser Rede richtete der Führer auch warnende Worte an England: „Sie fragen: „wann kommen die Deutschen? Ja wir kommen, wenn englische Flieger weiterhin des nachts zivile Ziele bombardieren, wie wir es jetzt schon 3 Monate mit angesehen haben, so werden unsere Flieger dies an den englischen Städten rächen. Wir werden englische Städte wegradieren…"

In der Nacht vom 5. zum 6. September um 1.15 Uhr ist auch unsere Ortschaft von einem englischen Flieger überflogen worden, der längere Zeit lebhaftem Flakbeschuss ausgesetzt war. Bomben wurden in unmittelbarer Nähe unseres Ortes nicht abgeworfen.

Ende September setzte kaltes, jedoch meist trockenes und sonniges Wetter ein, das die Kartoffelernte sehr begünstigte, die in diesem Jahr, ebenso wie auch die Getreideernte, besonders gut ausfiel.

Die Herbstferien dauerten vom 28. September bis zum 13. Oktober einschließlich. In der Nacht vom 2. zum 3. Oktober überflogen in der Zeit von 2.30 Uhr bis gegen 4.00 Uhr 8 englische Flugzeuge in 3 Wellen Weitenhagen und Umgebung in Richtung Stettin und zurück, ohne hier Bomben oder Brandplättchen abzuwerfen. Jedoch sind letztere in der Nähe benachbarter Ortschaften gefunden worden. Die Flak (Flugzeugabwehrkanonen) entfaltete eine rege Abwehrtätigkeit von 3.20 Uhr bis 3.35 Uhr.

In der Nacht vom 7. zum 8. Oktober hatten wir hier in Weitenhagen den ersten Fliegeralarm. Der Flugmeldedienst - eine Flugwache war auch in Helmshagen westlich der Landstraße Greifswald - Gützkow, hatte das Nahen feindlicher Flugzeuge in Richtung auf den Kreis Greifswald festgestellt und dem Landrat in Greifswald gemeldet. Von hier aus wurden die Amtsvorsteher als örtliche Luftschutzleiter, durch diese die Luftschutzwarte, in Kenntnis gesetzt, die die Einwohner zu alarmieren hatten. Als Alarmgerät wurde eine Pflugschar benutzt, an die der Luftschutzwart mit einem Hammer schlug, während er die Dorfstraße entlang ging. Luftschutzwarte waren in Weitenhagen: W 1. Hermann Jürgens, W 2: Eigentümer Wilhelm Zander; Potthagen: P 1. Zimmermann Johann Passow, P 2. Landwirt Friedrich Ramm; Helmshagen: Arbeiter Ludwig Wode sen.; Grubenhagen: Landwirt Hans Laack; Guest: Landwirt Gerhard Steinhoff; Klein Schönwalde: Landwirt Ernst Schwerin; Groß Schönwalde Gut: Landwirt Franz Nels; Koitenhagen Gut: Landwirt Walter Martens; Groß Schönwalde/ Koitenhagen

Dorf: Waldarbeiter Rudolf Jürgens; Diedrichshagen: D 1. Bauer Ernst Schlenzker, D 2. Siedler Johann Wolf. Jedoch blieb in dieser Nacht wie auch in der Nacht vom 11. zum 12. Oktober (Alarm 0.15 Uhr bis 2.00 Uhr) unser Ort und die nähere Umgebung von Fliegern verschont, da die Flugzeuge ihre Richtung vorher geändert hatten, teils nach Berlin teils nach Stettin.

Am 29. und 30. Oktober gab es von 23.30 Uhr bis 23.45 Uhr Fliegeralarm, ebenso am 28. November um 22.00 Uhr. Es war deutlich zu hören, dass in großer Höhe 6 feindliche Flugzeuge von Westen nach Südosten über unseren Ort hinweg flogen. Bomben usw. wurden hier nicht abgeworfen.

Am 26. Oktober starb der Schüler Erwin Trott in Potthagen und wurde auch am 29. Oktober auf unserem Friedhof beerdigt. Schüler und Lehrer gaben ihm das letzte Geleit.

Die Sammlung für das Deutsche Rote Kreuz in dem Sommerhalbjahr 1940 wurde in den Monaten April, Mai, Juni, August und September als Listensammlung, im Juli und Oktober als Straßensammlung (Verkauf von Abzeichen) durchgeführt. Die Gesamtsumme betrug 3551,19 RM. Dazu spendete die Ortsbauernschaft Diedrichshagen im August 1940 den Abfuhrlohn für Gerbrinde aus dem dortigen Walde zur Kleinbahnstation: 90 RM. Das Gesamtergebnis waren 3641,19 RM.

Bei der Kartoffelernte machte sich der Mangel an Arbeitskräften unliebsam bemerkbar, jedoch haben sich in dieser Zeit unsere größeren Schulkinder tapfer bewährt und ca. 4 Wochen lang fleißig geholfen, so dass die Ernte gut geborgen werden konnte.

Am 3. November besuchten 58 Teilnehmer aus unserer Schulgemeinde das Schülertheater im Stadttheater Greifswald: „Zar und Zimmermann".

Am 7. November 1940 wurde Thea Becker in ein Lager bei Dortmund (Körbecke Werl) zu einem Aufbaulehrgang zwecks Ausbildung zu Lehrkräften einberufen, schied jedoch Anfang 1941 wieder aus.

Bei einem heftigen Sturm am 14. November wurde die alte Friedhofslinde umgebrochen, die seit der Erbauung der Kirche im 13. Jahrhundert am Friedhofseingang stand. Ihr Stamm hatte einen Durchmesser von ca. 2 Meter und war innen schon ausgemauert. Sie hatte zuletzt nur einen austreibenden Ast.

Seit dem 15. November beginnt der Unterricht um 8.30 Uhr morgens und dauert bis 13.30 Uhr, da bei der noch geltenden Sommerzeit die Uhren alle eine Stunde vorgestellt sind und es deshalb morgens um 8.00 Uhr noch dunkel ist.

Am 22. Dezember wurde im Greifswalder Stadttheater ein Weihnachtsmärchen als Schülervorstellung gegeben, die aus unserer Schulgemeinde von 189 Teilnehmern besucht wurde. Die Kleinbahnverwaltung stellte für die Hin- und Rückfahrt je einen Extrazug.

Während sich bis zum 13. Dezember das Thermometer um 0 Grad bewegte, folgte am 14.12. Frost von -5 bis - 10 Grad C.

Die Weihnachtsferien dauerten vom 21. Dezember 1940 bis zum 3. Januar 1941 einschließlich.

1941

Seit dem Jahr 1941 wird in den Schulen die deutsche Normalschrift als alleinige Schreibschrift gelehrt. Bis dahin mußten die Kinder zwei Alphabete, die deutsche und die lateinische Schrift, schreiben lernen. In der Abbildung ist jeweils oben die deutsche Schulschrift, in der Mitte die lateinische Schrift und unten die deutsche Normalschrift aufgeführt.

Am 10. Januar 1941 wurde durch den Rundfunk die Neueinteilung des Schuljahres bekanntgegeben: Das Schuljahr beginnt am ersten Schultage nach den

Sommerferien. Es wird in 3 Abschnitte eingeteilt: von den Sommerferien bis Weihnachten, von Neujahr bis Ostern und von Ostern bis zu den Sommerferien.

Solange noch Schüler da sind, die zum Ostertermin aufgenommen sind, werden sie auch zu diesem Zeitpunkt entlassen. Später findet die Entlassung vor den Sommerferien statt. 1941 ist die erste Neuaufnahme nach den Sommerferien statt wie bisher nach Ostern.

Am 15. Januar bringen die Zeitungen die Nachricht, dass die Lehrerausbildung der Ostmark - 5 Jahre Lehrerausbildungsanstalt - zunächst auf die neuen Reichsgaue übernommen und dann im ganzen Reich eingeführt wird. Damit entfällt die Hochschule für Lehrerbildung, die das Abitur voraussetzte und 4 Semester (2 Jahre) Studium erforderte.

Am 30. Januar lag das Opferbuch in Weitenhagen aus.

Der Winter war kalt (bis -20 Grad Celsius) und brachte viel Schnee. Noch am 8. und 9. Mai schneite es, so dass der Frühling erst sehr spät einsetzte. Am 25. Mai blühten hier die Kirschbäume und am 1. Juni (Pfingsten) die Apfelbäume.

Osterferien waren vom 10. bis zum 16. April einschließlich. Am 9. April kamen wegen Beendigung der Schulpflicht 15 Kinder zur Entlassung, und zwar 8 Knaben und 5 Mädchen. Pfingstferien waren vom 31.5. bis zum 3.6. 1941 einschließlich.

Am 15. Juni setzte nach langer Trockenheit der erste ergiebige Regen ein. Seitdem regnete es fast jeden Tag, so dass die Bergung der Heu- und Getreideernte von Ende Juli bis Anfang September ziemlich schwierig war, aber doch gut geschafft wurde.

Am 25. August, dem ersten Tage nach den Sommerferien (27. Juli bis 24. August einschließlich) wurden 30 Kinder aufgenommen, und zwar 18 Knaben und 12 Mädchen. Von den 30 aufgenommenen Kindern mussten aber zwei zurückgestellt werden, weil sie körperlich und geistig nicht befriedigend entwickelt waren.

Seit dem 24. März besuchten 11 landverschickte Kinder aus luftgefährdeten Gebieten die hiesige Schule, 7 Knaben und 5 Mädchen aus Duisburg. Sie kamen am 15. und 21. Oktober wieder in die Heimat zurück.

Mit Beginn des Schuljahres 1941/42 wurde der Rahmenlehrplan für Volksschulen, 5. bis 8. Schuljahr, aufgestellt nach den Richtlinien vom 15. 12. 1939 „Erziehung und Unterricht in der Volksschule", herausgegeben vom NS - Lehrerbund, Gauverwaltung Pommerns, Stettin 1940, dem Unterricht zugrunde gelegt.

Am 22. April 1941 veranstaltete der Reichsluftschutzbund (RLB) eine Luftschutzübung mit Brandbekämpfung auf dem Schulhof. Am 13. Juli hielten die Brandhelferinnen aus sämtlichen Ortschaften der Gemeinde Weitenhagen im

Walde vor der Schule eine Übung ab, zu der auch Gäste aus der Leitung der Orts- und Kreisgruppe Greifswald des RLB erschienen waren.

Seit dem 1. Mai 1941 erteilt Hauswirtschaftslehrerin Anna Schultz nur in der Schule der Gemeinde Weitenhagen Unterricht, da die Gemeinde Grubenhagen selbst eine Hauswirtschaftslehrerin angestellt hat.

Die von den Schulkindern in diesem Jahr gesammelten Ähren erbrachten eine Ausbeute von 60 kg Roggen und 80 kg Weizen.

In der Nacht vom 12. zum 13. August brannten 3 von den 32 Meter hohen Eisenmasten der elektrischen Überlandleitung durch und kippten über (zwischen dem Weg nach Groß Schönwalde und dem Landweg nach Guest). Die Ursache sollen zwei bei Südwind abgetriebene Sperrballone gewesen sein, deren Schleppseile Leitung und Masten gleichzeitig gestreift haben. Die Ballone sollen dann über Rügen abgeschossen worden sein.

In der Nacht vom 20. zum 21. August 1941 kreiste etwa um 2.30 Uhr ein russisches Flugzeug über Greifswald - Ladebow. Es ließ eine Leuchtbombe aufflammen und warf dann 2 Sprengbomben (250 kg) und 5 Brandbomben von 85 Zentimeter Länge ab. Sie galten jedenfalls den Kasernen an der Obstbausiedlung, waren aber um Bruchstücke von Sekunden zu spät ausgelöst worden, so dass sie in einer Reihe von der Obsbausiedlung an in Richtung Saarlandstraße, größtenteils in freies Feld einschlugen. Eine Sprengbombe fiel in die Nähe der Gefangenenbaracken und verletzte durch ihre Splitter 5 serbische Gefangene leicht, 2 schwer und einen tödlich. Die zweite Sprengbombe fiel auf den Asphalt. Zahllose Fensterscheiben zersprangen in der näheren Umgebung. Andere Bomben gruben sich 3,5 m tief in den harten Tonboden ein und rissen Trichter von ca. 8 Meter Durchmesser.

Im September hörte man noch mehrere Male des Nachts englische Flugzeuge auf dem Wege nach oder von Berlin oder Stettin oder die Küste entlang, im Rahmen der von England verkündeten non - stop - Offensive zur angeblichen militärischen Entlastung Russlands, die aber bisher misslang.

Ende September setzte ein schöner sonniger Herbst ein, der der Kartoffelernte sowie dem Getreidedrusch und der Herbstbestellung sehr zugute kam.

Im Oktober herrschte für einige Tage in dieser Jahreszeit ungewöhnlich starker Frost, von dem die Kartoffeln, die noch in der Erde waren oder die bereits ohne entsprechenden Kälteschutz lagerten, erfroren. Dann bewegte sich das Thermometer bis einschließlich 23. Dezember über dem Gefrierpunkt: 10. Dezember: 8,5 Grad C; 11. Dezember: 12 Grad C; 12. Dezember: 9 Grad C; 13. bis 20. Dezember 3 - 4 Grad C.

Im Rahmen des Vierjahresplanes war eine Altmaterialsammlung durch die Schulkinder angeordnet. Die monatliche Mindestpflicht - Menge betrug für ein Schulkind: drei Kilogramm Altpapier gleich 6 Punkte, eineinhalb Kilogramm Knochen gleich eineinhalb Punkte; ein viertel kg Lumpen gleich eineinviertel Punkte; zusammen: 8 dreiviertel Punkte.

In dem Vierteljahr vom 1. Juli bis zum 30. September erreichte die Schule 3685 Punkte, das sind im Durchschnitt pro Kind 28,13 Punkte. Der beste Sammler war Günter Krohn mit 290,15 Punkten, die er insbesondere durch Heranschaffen von Teilen verbrauchter landwirtschaftliche Maschinen erreichte. Das Ergebnis für die Zeit vom 1. April bis zum 30. Juni betrug 1016,8 Punkte, das sind im Durchschnitt für jeden Schüler 9,5 Punkte. Auch die Spinnstoffsammlung vom 18. September brachte ein gutes Ergebnis.

Die kleine Glocke musste 1941 für die Metallsammlung abgenommen und abgeliefert werden.

In der Sakristei wurde ein Ofen aufgestellt, um wegen Mangels an Heizungsmaterial hier den Gottesdienst abhalten zu können.

Am 19. September 1941 fand die Herbstleistungsprüfung in der Leibeserziehung statt, an der die Schulen Weitenhagen, Diedrichshagen und Groß Schönwalde teilnahmen. Sieger wurden Helmut Pagels und Grete Lietz aus Guest, deren Namen unter den Gaubesten im Amtlichen Schulblatt, Nummer 2 und 3 von 1942, bekannt gegeben wurden.

Zum Schülertheater in Greifswald („Bären") fuhren am 16. November 98 Teilnehmer.

Die Herbstferien dauerten vom 21.9. bis zum 21. Oktober 1941 einschließlich.

Am Weihnachtseinsatz für die 3 Patenschaftskreise des Gaues Pommern - Waldrode (Gostynin), Warthbrücken (Kolo) und Berent (Koscierzyna) - beteilige sich die Schule mit Kleidungsstücken, Wäsche, Büchern und Schulbedarfssachen.

Am 12. Dezember 1941 fand die erste, am 23. März 1942 die zweite Diphterie - Schutzimpfung aller Kinder von 2 - 14 Jahren durch eine Ärztin des staatlichen Gesundheitsamtes in der Schule statt.

An dem Schülertheater in Greifswald am 21. Dezember 1941 („Der gestiefelte Kater") beteiligten sich von hier nur 221 Erwachsene und Kinder. Die Kleinbahn stellte einen Extrazug.

Am 24. Dezember setzte ein Schneesturm mit Kälte bis zu -8 Grad C ein, die am 1. Januar durch Tauwetter abgelöst wurde.

1942

Die Sammlung von Woll- und Wintersachen für die Ostfront vom 27. Dezember 1941 bis zum 11. Januar 1942 hatte in der Gemeinde ein erfreuliches Ergebnis.

Der Winter hielt in diesem Jahr besonders lange vor. Noch im März gab es Schneestürme und Verwehungen und das Thermometer zeigte zeitweise bis zu -15 Grad Celsius. Dadurch wurde der Frühjahrsversand von Kartoffeln sehr verzögert, so dass die Großstädte und der Westen nicht mehr ausreichend versorgt werden konnten (bis Anfang April).

In den Mieten hatten die Kartoffeln stark durch den Frost gelitten. Der Erdboden war so tief gefroren, dass erst Anfang April auf trockenen, sandigen Böden mit dem Pflügen begonnen werden konnte.

Am 21. März 1942 wurden 21 Kinder aus der Schule entlassen: 10 Jungen und 11 Mädel. Am 22. März fand die Verpflichtungsfeier für die Jungmädel (JM) und das Jungvolk (JV) und ihre Überführung in die Hitlerjugend (HJ) statt. Es nahmen in dem festlich geschmückten, östlichen Schulzimmer die Schulentlassenen aus Weitenhagen, Diedrichshagen, Groß Schönwalde und Behrenhoff an der Feier teil. Die Leitung lag in den Händen des Ortsgruppenleiters der NSDAP. Anwesend waren ferner der Ortsgruppenleiter aus Behrenhoff, Führer der HJ aus Greifswald, Weitenhagen und Behrenhoff sowie Eltern und Lehrer.

Die Sammlung für das Deutsche Rote Kreuz im Sommerhalbjahr 1941 (vom April bis August) ergab für Weitenhagen 673,55 RM, für Potthagen 397,40 RM, Groß Schönwalde und Koitenhagen 268,10 RM, Klein Schönwalde 120,60 RM, Diedrichshagen 646,25 RM, Guest 231,50 RM, Helmshagen 131,22 RM. Grubenhagen 251, 70 RM, insgesamt waren das 2720,32 RM.

Die Osterferien dauerten vom 2. bis 8. April 1942 einschließlich.

Am 23. April 1942 wurden 18 Schulkinder neu aufgenommen. Dazu kommen 4 Kinder, die in den vorigen Jahren zurückgestellt worden waren.

Der strenge Winter 1941/42 hatte vielfach Schäden an den Saaten - Weizen, Roggen, Raps - angerichtet, so dass die Felder zum Teil umgepflügt und neu bestellt werden mussten. Das späte, kalte Frühjahr ließ erst eine späte Entwicklung der Saaten zu. Am 26. Mai war die erste Roggenähre, am 15. Juni die erste Roggenblüte zu sehen.

Nach dem Luftangriff auf Rostock wurde hier eine Nachtwache eingerichtet zur Beobachtung der Vorgänge in der Luft. Abwechselnd je 2 Mann aus der Gemeinde mußten abhängig von der Länge der Nächte von 23 bis 3 Uhr beziehungsweise von

22 bis 4 Uhr durch das Dorf gehen, um etwaige Feindflüge beziehungsweise abgeworfene Brand- oder Sprengmittel usw. sogleich dem örtlichen Beauftragten für den Luftschutz (Bürgermeister) zu melden.

Zum 15. Juni wurde Schulrat Otto an die Regierung in Stettin berufen und zum 1. Oktober dortselbst zum Regierungs- und Schulrat ernannt. Von der Zeit an versah Schulrat Ganske aus Anklam den Kreis Greifswald mit, bis zu seiner Berufung in die Schulabteilung der Regierung in Schneidemühl zum 1. April 1943. Sein Nachfolger als Schulrat in Anklam wurde Rektor Kuhr aus Stettin, zugleich Kreisleiter für den Kreis Greifswald. Der Schulaufsichtskreis Greifswald wurde seit dem 18.3.1943 vom Schulrat Zimmer aus Barth mitbetreut.

Vom 1. bis zum 21. Juni 1942 fand eine Altkleider- und Spinnstoff - Sammlung statt, die hier ein erfolgreiches Ergebnis zeitigte.

Auf der Lehrertagung in Anklam am 16. August sprach der Regierungspräsident Eckardt aus Stettin. Regierungsdirektor Daumann, der ebenfalls sein Erscheinen zugesagt hatte, war verhindert.

In der Woche vom 9. bis 16. August wurde nach und nach mit dem Roggenmähen begonnen. Bis zum 14. September war ununterbrochen gutes Erntewetter, so das alles Getreide gut geborgen werden konnte. Der Ertrag war trotz der Auswinterungsschäden gut.

Anfang August brach hier eine Seuche unter den Hühnern aus. Der Kreisveterinärrat stellte Hühnerpestverdacht fest und ordnete sogleich Gegenmaßnahmen an, die die Seuche nach einigen Wochen zum Erlöschen brachten. Sie hatte sich von Gehöft zu Gehöft weiterverbreitet. Ganze Hühnerbestände waren ihr zum Opfer gefallen (insgesamt etwa die Hälfte der Hühner).

In der Herbstleistungsprüfung im Sport am 7. September 1942 ging Hella Labahn, 11 Jahre alt, als Siegerin hervor.

Am 23. Oktober begann der Unterricht nach den Herbstferien. Da noch kein Heizungsmaterial vorhanden war, erhielten die beiden Klassen - geteilt - abwechselnd in je 3 Tagen jede Abteilung 2 beziehungsweise 3 Stunden Unterricht im Kindergartenzimmer der nordwestlichen Stube der Lehrerinnenwohnung neben der Küche.

Am 24. Oktober ging Frl. Wolfram mit der 3. Klasse zum Kartoffelsammeln nach Grubenhagen (Kriegseinsatz).

Ende des Jahres war die Zahl der im Zweiten Weltkrieg Gefallenen in der Kirchengemeinde bereits auf 18 gestiegen, bis 1945 waren es im Ganzen ca. 40.

1943

Am 17. Januar 1943 (19.45 Uhr) flog über Weitenhagen eine größere Anzahl feindlicher viermotoriger Bomber zu einem Luftangriff auf die Reichshauptstadt. Dort wurden 25 von ihnen abgeschossen.

In diesen Tagen starb Dr. Bosse, der von 1913 bis 1928 Kurator der Universität Greifswald gewesen ist. Sein Nachfolger war Dr. Sommer.

Am 24. Januar, 17 - 20 Uhr, und am 27. Januar 1943 wurde Weitenhagen wieder von einer größeren Anzahl feindlicher Flieger überflogen. Greifswald hatte Fliegeralarm. Dies wiederholte sich in der Folgezeit häufiger. Von einer weiteren Vermerkung der Einzelfälle auf diesen Blättern wird daher abgesehen. Im Laufe des Jahres bauten sich die meisten Einwohner der Gemeinde Bunker, zum Teil heizbar, und Splitterschutzgräben zum Schutz gegen umherfliegende Bombensplitter bei etwaigen Luftangriffen, da die meisten Keller als Schutzräume nicht geeignet sind.

Zum 1. März 1943 wurde Dr. Kleist als Rektor an die Schule in Greifenhagen (Pommern) versetzt. Die Familie Kleist siedelte in den Tagen vom 16. bis zum 18. August dorthin über. Dr. Kleist war schon am 26. August 1939 zur Wehrmacht einberufen und z. Zt. seiner Versetzung Hauptmann an der Fliegertechnischen Schule in Gießen 3, Stab 1.

Auf einem Elternabend im Saal „Zur Schwedenschanze" am 13. März zeigten die Schulkinder aller Klassen, Knaben und Mädchen, beachtliche Leistungen in den Leibesübungen. Die Spenden an Eintrittsgeld (56,53 RM) sind dem Winterhilfswerk überwiesen worden.

In der Nacht vom 20. zum 21. April wurden bei einem Luftangriff auf Stettin, bei dem besonders Pommeransdorf zu leiden hatte, 39 feindliche Flugzeuge abgeschlossen.

Am 28 März fand die Entlassung der Schulkinder und die Verpflichtungsfeier der Jugend unter Leitung des stellvertretenden Bürgermeisters Richard Schult (Groß Schönwalde) statt. Die Osterferien dauerten vom 22. April bis zum 2. Mai einschließlich.

Der Frühling setzte sehr zeitig ein. Obgleich es in der Nacht vom 8. zum 9. April noch Eis gefroren hatte und am 25. April (1. Ostertag) kaltes, stürmisches Wetter mit Regen herrschte, hatten die Steinobstbäume schon längere Zeit vor Ostern in Blüte gestanden und hatten am 25. 4. schon teilweise ausgeblüht. Ebenfalls blühte der Raps auf dem Groß Schönwalder Feld jenseits der Reichsbahnstrecke am Bahnübergang bei Klein Schönwalde. Ein Rapsfeld blühte zwischen Weitenhagen und Greifswald westlich vom Landweg. Am 5. Mai setzte wieder schönes warmes Sommerwetter ein. Die Apfelbäume standen in voller Blüte. Am 10. Mai hatte der Roggen Ähren und blühte bereits am 27. Mai (gegenüber dem 26. Mai beziehungsweise 15. Juni 1942). In der Woche vom 28. Juni bis zum 3. Juli ließ die Wehrmacht (Flak Greifswald) im Einverständnis mit dem Schulleiter und dem Schulverbandsvorsteher (in Vertretung für Dr. Kleist: Lehrer Marx aus Groß Kiesow) den nördlichen Teil des Bodenraumes im Schulgebäude durch einen Bretterverschlag abteilen und lagerte dort vom 6. Juli an Wäsche und andere Bekleidungsstücke zwecks Dezentralisation zum Schutz bei Fliegerangriffen.

Am 18. Juli wurde in Weitenhagen der Roggen angemäht, in der Umgebung schon eine Woche vorher (in Helmshagen am 12. Juli). In der ersten Hälfte des Juli war kühles, regnerisches Wetter, dass die völlige Reife des Getreides noch etwas hinausgezögert hatte. Dann schlug es um, so dass am 23. Juli wegen der Hitze der Unterricht von 11.00 Uhr an ausfallen musste.

Die Sommerferien dauerten vom 25. Juli bis zum 18. August einschließlich. Sie waren um 10 Tage gekürzt worden, die den Weihnachtsferien zur Einsparung von Heizungsmaterial zugelegt wurden.

Nach den Sommerferien sind 30 Schulkinder neu aufgenommen worden. Unter ihnen befanden sich auch einige Evakuierte aus luftgefährdeten Gebieten.

In der Nacht vom 17. zum 18. August 1943 unternahmen feindliche Flieger einen schweren Luftangriff auf Peenemünde, der von hier aus gut beobachtet werden konnte. In mehreren Dörfern der Umgegend stürzten abgeschossene feindliche Flugzeuge ab. Ein solches setzte in Negentin ein Haus in Brand.

Als Nachfolger von Dr. Kleist zog am 6. September Lehrer Effland aus Reinberg in die Lehrerwohnung Ost ein und erteilte am 8. September seinen ersten Unterricht in unserer Schule.

Am 17. September 1943 erhielt Frl. Wolfram die Verfügung betreffs ihrer Versetzung an die Hauptschule in Pleschen, Kreis Jarotschin im Wartheland und reiste am 18. September ab, um sich dort umzusehen. In den Herbstferien vom 21. September bis zum 17. Oktober einschließlich, packte sie ihre Sachen und reiste am 4. Oktober endgültig nach Pleschen ab.

Am 9. Oktober in den Mittagsstunden unternahmen feindliche Flieger einen schweren Terrorangriff auf die Stadt Anklam. Die durch die Brände erzeugten Rauchwolken zogen auch über Weitenhagen.

In die Lehrerinnenwohnung West, von der das nordwestliche Zimmer und die anstoßende Küche vom Amtsvorsteher zur Unterbringung einer evakuierten Familie beschlagnahmt wurden, zog am 19. Dezember 1943 der Feldwebel Holz aus Kassel, z. Zt. in Greifswald in Garnison, mit Frau und 3 kleinen Kindern ein.

Am 15. November 1943 reiste der Hauswart Karl Gransow zur Erfüllung seiner Wehrdienstpflicht nach Flatow ab. Er wurde der Marine zugeteilt und im Januar 1944 nach Eberswalde versetzt.

1944

Die Weihnachtsferien dauerten vom 22. Dezember bis zum 12. Januar einschließlich.

Am 5./6. Januar hatte Stettin wieder einen schweren Luftangriff zu erleiden. Am 6. Januar morgens war von 3.15 Uhr bis 5.45 Uhr Fliegeralarm. Feindliche Flieger warfen über Weitenhagen und rings um Weitenhagen herum, besonders aber über Greifswald, Massen von Leuchtbomben ab. Sie waren im Anflug zu einem Luftangriff auf Stettin, wo schwere Schäden angerichtet wurden.

Am 30. Januar war so mildes Wetter, dass die Bienen flogen. Seit Neujahr ist kaum noch Schnee gefallen, es war nur an einigen Tagen Frost, sonst zeigte das Thermometer in der Regel am Tage um plus 5 Grad Celsius. Die ersten Schneeglöckchen und Tausendschönchen blühen, die Knospen des Flieders und der frühen, rotblättrigen Pflaume sind bereits stark geschwollen, bei der letzteren schon die einzelnen Blüten erkennbar. Dann änderte sich aber das Wetter.

In der Nacht vom 9. zum 10. Februar setzte starkes Schneetreiben ein, das auch den Tag über anhielt, Temperaturen um 0 Grad herum, am 18. Februar - 4 Grad Celsius. Februar und März waren durchweg kühl und rauh. Es gab häufig Schnee- und Hagelstürme und mehrere Male Nachtfröste bis -5 Grad Celsius. Sonst hielt sich die Temperatur zwischen 0 und plus 4 Grad Celsius.

Am 16. Februar besuchte Schulrat Ziemer aus Barth, der den Kreis Greifswald mitverwaltete, unsere Schule.

Am 20. Februar zwischen 1.00 und 2.00 Uhr mittags erfolgte ein Luftangriff auf Petershagen, Steffenshagen und Kraulshorst (ein Ortsteil von Levenhagen). Es entstanden Schäden an Gebäuden und auf dem Felde.

Am 25. März wurden 7 Jungen und 5 Mädchen wegen Beendigung der Schulpflicht entlassen. Ria Nickels aus Hamburg war als 6. Mädchen bereits am 8. März entlassen worden.

Zum 1. April wurde Lehrer Lenz an die hiesige Schule versetzt. Er war z. Zt. Soldat und hat seinen Dienst hier nie angetreten.

Die Osterferien dauerten vom 5. bis zum 13. April einschließlich.

Seit dem 1. Mai wurde Hauptlehrer Schultz im Angestelltenverhältnis als „Hilfslehrer" beschäftigt. Er erteilte als solcher 18 Unterrichtsstunden wöchentlich.

Am 12. Mai setzte warmes Wetter ein. Die Obstblüten brachen mit Macht auf.

Am 13. Mai nachmittags zwischen 13.30 Uhr und 15.00 Uhr erfolgte ein Angriff nordamerikanischer viermotoriger Bomber auf Stettin - Pölitz (Hydrierwerke, Benzinproduktion); Einflug über Schleswig - Holstein, Weitenhagen. In Wieck, am Weg nach Ladebow, schlug eine Bombe neben einem Luftschutzbunker ein, in dem eine Anzahl Personen Schutz gesucht hatten, von denen 16 ums Leben kamen: Frau und 3 Töchter des Schlächtermeisters Mehardel, Fischer Robert Heiden und Frau, Frau Martha Wegener mit Tochter und Enkelin und andere. Eine Bombe riss einen großen Sprengtrichter in der Helmshagener Koppel bei der Tonkuhle, westlich der Kleinbahnstrecke. Östlich der Strecke fielen 2 Bomben, andere im Burgwall bei Grubenhagen und auf dem benachbarten Felde. Auf dem Gutshof in Grubenhagen landete ein leerer, großer Benzinkanister. Es fiel auf, dass Pölitz solange von Luftangriffen verschont blieb, bis die Werke wieder in Betrieb gesetzt werden konnten. Alsdann erfolgte regelmäßig ein neuer Angriff.

Am 21. Mai flog ein feindlicher Jagdfliegerverband über Mecklenburg und Pommern. Mehrere Flugzeuge kamen im Tiefflug über unseren Ort. Dabei wurde durch Bordwaffenbeschuss der Bahnwärter Richter, der gerade Dienst im Bahnwärterhaus bei Klein Schönwalde hatte, durch Lungenschuss getötet, mit der Hand am Stellwerk. Zwischen Mesekenhagen und Jeeser wurde der Triebwagen der Reichsbahn beschossen. Es gab Tote (unter anderem die 19 jährige Studentin der Medizin Ilse Veronika Meinhold, Barth - Havelberg) und Verwundete. In Helmshagen ist bei der Flakkaserne zwischen dem Judenfriedhof und Greifswald durch Leuchtspurmunition ein Strohhaufen in Brand geschossen worden. Ein Flugzeug von unseren Jagdflugzeugen wurde abgeschossen und ging bei dem elektrischen Schaltwerk Greifswald, Gützkowerr Landstraße, zu Boden.

Im Juni 1944 gab Rektor Dr. Kleist, Greifenhagen, vormals in Weitenhagen, z.Z. Major und Adjutant bei der Fliegertechnischen Schule in Gießen/Lahn den Verlust seines zweiten und letzten Sohnes Heinz - Herbert bekannt, der in einem Lazarett an der Südfront (Italien) verstarb, nachdem der älteste Sohn Hans - Joachim bereits 1940 an der Westfront gefallen war. Ihm zum Gedächtnis war in der Nordostecke des Schulplatzes von den Eltern eine Eiche gepflanzt worden.

Am 21. Juni besuchte Schulrat Ziemer - Barth die hiesige Schule.

Am 7. Juli wurden 250 Verwundete auf dem Kleinbahnhof von der Schule beim Einlaufen des Zuges mit Gesang begrüßt und von der NS - Frauenschaft mit Kaffee und Kuchen bewirtet und betreut.

Der Unterricht des 4. bis 8. Schuljahres wurde häufig abgesetzt, weil die Kinder zum Unkrautausziehen, Kartoffeljäten und Kartoffelkäfer suchen (letzteres ohne Erfolg) aufs Feld geführt wurden. Die Sommerferien dauerten vom 14. Juli bis zum 22. August einschließlich.

Am 18. Juli fand von 9.30 Uhr bis 11.00 Uhr vormittags in der Richtung Peenemünde ein schwerer Luftangriff statt. Es wurde dort hauptsächlich die Umgegend getroffen. Auch Stralsund wurde angegriffen. Die Bahngleise und die Zuckerfabrik dortselbst wurden getroffen, deren Direktor ums Leben kam. Eine Zeitlang vorher war ein feindliches Flugzeug in die Kleinschmiedstraße in Stralsund abgestürzt. Eine Anzahl Häuser brannte ab oder wurde beschädigt. Einige Bomben fielen auf das Guester Feld und in Guest sprangen mehrere Fensterscheiben entzwei.

Am 29. Juli ist der Roggen angemäht worden.

Am 4. August erfolgte ein Luftangriff auf Bremen, Hamburg, Schwerin, Peenemünde, Anklam (Arado - Flugzeug - Werke), wo Günther Wahls von hier Schlosser lernte. Besonders die Siedlung in Anklam wurde schwer getroffen. Bei Weitenhagen sind 2 leere, übermannshohe Benzinbehälter abgeworfen worden. Am 6. August war wieder Fliegeralarm. Die Flugzeuggeschwader flogen über Pommern, Brandenburg und Ostpreußen.

Am 12. August wurden die von hier für den Osteinsatz bereitgestellten Frauen und Mädchen in Greifswald verpflichtet. Am 17. August reisten sie morgens um 6.00 Uhr hier ab nach Schneidemühl, um dort Panzergräben auszuheben, die sich später als völlig nutzlos erwiesen, da sie umgangen wurden. Der Einsatz dauerte, mit einer Unterbrechung vom 4. bis zum 10. Oktober (Urlaub), bis zum 21. November.

Am 16./17. August in der Zeit von 0.30 Uhr bis 2.00 Uhr wurde Weitenhagen von starken Verbänden feindlicher Flugzeuge überflogen. In Richtung Eldena (Rügen), Swinemünde war sehr starker Flakbeschuss (Fliegerabwehrkanonen). Angriffe erfolgten auf Kiel und Stettin. In Stettin wurde vor allem die Altstadt getroffen,

Besonders auch Braunsfelde und Grabow. Es gab 2000 Tote und 60.000 Obdachlose in Stettin. Viele waren mit Phosphor - Brandwunden in die Oder gesprungen und ertrunken.

Am 21. August begann der Unterricht nach den Sommerferien, statt wie ursprünglich festgelegt, am 23. August. Neu aufgenommen wurden 29 Kinder, 15 Knaben und 8 Mädchen. Mit denen, die das Ziel des 1. Schuljahres nicht erreicht hatten und einigen Zugezogenen, waren im ersten Schuljahr 36 Kinder.

Am 25. August flog ein starker feindlicher Kampfverband mittags gegen 12.00 Uhr über Weitenhagen Richtung Peenemünde nach der Mark Brandenburg. Rückflug 12.30 Uhr bis 13.30 Uhr über Weitenhagen, Greifswald; Angriff auf Schwerin, Wismar, Rostock, Flugplätze Barth, Parow bei Stralsund (dabei fielen im Bereich Stralsund 20 Bomben), Tutow, Peenemünde, Pölitz. In der Nacht vom 26. zum 27. August hatte Greifswald zweimal, Weitenhagen einmal Fliegeralarm. Man hörte nur einzelne Flugzeuge, die, wie in der Regel, in sehr großer Höhe flogen.

Am 27. August war mittags gegen 2.00 Uhr wieder Fliegeralarm. Dass Weitenhagen/Potthagen von Bombenabwürfen verschont blieb, wird - auch von Sachverständigen - darauf zurückgeführt, dass es durch den Wald getarnt wurde, besonders bei Einflügen von Süden und Osten.

Am 19. August hatten heiße Tage eingesetzt, bis 30 Grad C, die bis zum 28. August andauerten. Dann setzte mit Gewitter und Sturm etwas kühleres Wetter ein; die Ernte war glatt hereingebracht. Ein starker Hagelschlag Anfang August hatte strichweise auch auf unserer Feldmark ziemlich grossen Schaden am Sommergetreide angerichtet.

Am 28. und 29. August war Herr Effland mit den größeren Schulkindern zum Mohnsammeln nach Guest gegangen.

In der Nacht vom 29. zum 30. August überflogen starke Bomberverbände Weitenhagen zu einem Angriff auf Stettin, der noch schwerer gewesen sein soll als der vom 16./17. August.

Am 31. August kamen 15 Kartons mit je 5 Gasschutzbetten für die Kleinstkinder und Gasschutzjäckchen für Kinder der Gemeinde in der Schule an.

Herbstferien waren vom 4. bis zum 17. Oktober einschließlich.

Am 6. Oktober war ein starker Bombenangriff auf Hamburg, Stralsund, Stettin, Berlin. Den ganzen Nachmittag zogen schwarze Rauchschwaden von Westen nach Osten über Eldena.

Am 4. November trafen eiserne Öfen und Krankenstubeninventar in der Schule ein. Es wurden 120 Esten und 450 ostpreußische Flüchtlinge erwartet. Ostpreußische

Flüchtlinge aus Tilsit trafen am 13. November hier ein und wurden im Dorf untergebracht. Am 1. Dezember nahm Lehrerin Anna Schultz nach ihrer Rückkehr aus Schneidemühl (siehe 17. August) den Unterricht im 1. und 2. Schuljahr (Deutsch, Rechnen) wieder auf.

Am 15. Dezember besuchten Regierungsrat Otto aus Stettin, vormals Kreisschulrat in Greifswald, und Kreisschulrat Ziemer (Barth) die hiesige Schule. Einige Tage später übernahm Rektor Krabbe in Altentreptow (Altentreptow/Tollense), früher Lehrer in Mesekenhagen, vertretungsweise die Schulratsgeschäfte in Greifswald.

Die Weihnachtsferien waren vom 17. Dezember 1944 bis zum 17. Januar 1945 einschließlich (4 Wochen zur Ersparnis von Heizmaterial).

Mit der Aufnahme der großen Offensive der Russen an der Ostfront am 22. Juni 1944, dem Vordringen der Alliierten an der Südfront (am 19. Juni wurde die Insel Elba aufgegeben, auf der französische Truppen gelandet waren) und dem Durchbruch der amerikanischen Truppen bei Avranches in der Normandie am 24. August 1944 und ihrem Vorstoß in die Tiefe des französischen Raumes begann sich das Schicksal unseres Vaterlandes und damit unserer engeren Heimat zu entscheiden.

Auf Elba geriet der Sohn des Hauptlehrers Schultz, Gerichtsassessor Oberleutnant Otto Schultz im Alter von 28 Jahren in französische Gefangenschaft und wurde im Gefangenenlager Gerywil in Südalgerien und 1946 in Constantin an der algerischen Küste untergebracht.

1945

Ab Neujahr 1945 wurde alle 2 Wochen an einem Tage der elektrische Strom zwecks Kohlenersparnis von 2.0 Uhr bis 5.00 Uhr beziehungsweise 06.00 Uhr abgeschaltet, von Ende Januar an bereits täglich vor- oder nachmittags oder abends in der Regel 5 Stunden lang. Wenn dann das Mittag auf der elektrischen Herdplatte gerade im besten Kochen war, musste erst im Kohlenherd Feuer gemacht und dort weiter gekocht werden, weil die Abschaltung unregelmäßig erfolgte.

13. Januar: Fliegeralarm, Fliegerverbände über der Deutschen Bucht.

Vom 12. bis 14. Januar erfolgte der Durchbruch der Russen im großen Weichselbogen, Frontlinie: Neu Sandez - Krakau - östlich Oppeln - südöstlich Litzmannstadt (Lodz) - Thorn - preußisch Eylau - Allenstein - südlich und nördlich der Rominter Heide - Insterburg - Kurisches Haff. Kronstein, Litzmannstadt und Tilsit sind aufgegeben.

Vom 23. Januar ab fallen alle D - (durchgehenden) und Eilzüge aus. Privatreisen mit der Reichsbahn sind nur in ganz dringenden Fällen mit Erlaubnis der Eisenbahnbehörde zulässig. Die Post befördert im Fernverkehr keine Briefe und Pakete mehr, sondern nur noch Postkarten.

Am Donnerstag, dem 25.1.1945 wurde die Schule wegen Beschlagnahme des Heizungsmaterials bis auf weiteres geschlossen (bis zum 21. März).

Seit dem 29. Januar fährt die Kleinbahn einmal täglich nach Greifswald und zurück, ab Weitenhagen um 7.20 Uhr, ab Greifswald um 14.40 Uhr. Vom 13. Februar an stellt sie ihre Fahrten am Dienstag und Freitag ganz ein.

Die Brennstoffbelieferung für die Haushalte (Kohle, Briketts) wird auf 50% des vorjährigen Bedarfs herabgesetzt. Die Landwacht wird aufgehoben. Männer bis zu 65 Jahren hatten bisher in der Regel zu zweien des Nachts den Ort und die Umgebung abzustreifen, auf Fliegerangriffe zu achten und eventuell flüchtige Kriegsgefangene zu verfolgen usw., meist unbewaffnet.

Die Lebensmittelzuteilung erfolgte noch wie bisher während des ganzen Krieges unverändert in ausreichendem Maße. Jeder erhielt für seine Person allmonatlich vom Gemeindeamt eine Lebensmittelkarte, auf der die ihm zustehende Menge an Lebensmitteln: Fleisch, Fett, Brot, Zucker, Nährmittel… in kleinen Abschnitten in Gramm vorgedruckt war, die der Kaufmann beim Einkauf, in der Regel wöchentlich, abtrennte. Diese musste er geordnet, zum Teil auf Bögen aufgeklebt, abliefern. Danach richtete sich die Menge der ihm für den nächsten Monat zu liefernden Ware. Spinnstoffe wurden auf eine Kleiderkarte hin, die für ein ganzes Jahr berechnet war, abgegeben, später auf Bezugsscheine, die gegen Nachweis des Bedarfs von der Gemeindebehörde ausgestellt wurden. Zuletzt gab es kaum noch Waren, die nicht bezugscheinpflichtig waren: Küchengeräte, Eisenwaren, Schuhe usw. Tabakwaren gab es auf Raucherkarten. Geschäftsleute, die Waren ohne Karten abgaben, etwa auf dem Tauschwege gegen andere Waren, oder Waren zurückhielten, sind schwer bestraft worden, gegebenenfalls mit Schließung des Geschäftes. Die Preise wurden überwacht, so dass sie sich im Großen und Ganzen auf Vorkriegshöhe hielten.

Vom 5. Februar ab mussten von den im Herbst jedem zugewiesenen eingekellerten Kartoffeln (pro Person bis zur nächsten Ernte: 3 Zentner = 150 Kilogramm) 50 Pfund (25 Kilogramm) abgegeben werden. Die Lebensmittelkarten der 72. und

73. Periode (4 Wochen) mußten zusammen statt 8 Wochen 9 Wochen reichen. Stärkemehlnährmittel fielen weg, ebenso Zucker für die 73. Periode.

Vom 1. Bis zum 3. Februar blieb bei uns das elektrische Licht weg. Ein Ballon hatte 5 Masten der Starkstromleitung im Wald umgerissen. Wir saßen beim Licht selbstgezogener Wachskerzen.

Ab Ende Januar wurden Männer und Frauen aus dem Dorf zum Holzschlag eingesetzt. Das eigene Holz musste jeder selbst werben. Zur allgemeinen Werbung sollte jeder Haushalt eine Arbeitskraft stellen. Die Revierförsterstelle in Potthagen, die so lange von dem Revierförster Hahnel in Grubenhagen mitverwaltet worden war (Förster Werner hierselbst war gestorben), wurde dem im Kriege verwundeten Forstaufseher Kluczik übertragen.

Am 1. Februar 1945 brachen die Russen nach Pommern durch: Linie Pyritz, Arnswalde, Jastrow, Deutsch Krone, und drangen am 10. Februar bis südlich Stargard vor.

Anfang Februar starb der Bauer Hermann Hoth in Potthagen und wurde am 15.2. beerdigt. Er wäre am 19. Februar 1945 80 Jahre alt geworden.

Am 15. Februar bezogen 56 Flüchtlinge die drei Schulzimmer der vor 14 Jahren neu erbauten und eingeweihten Dorfschule: Gutsbesitzer Langer mit Frau und Tochter, Schwiegermutter und Schwägerin aus Dertzow, Kreis Soldin mit Gefolgschaft (Gutsarbeitern, Schmied u. a.). Ein großer Lastwagen mit Gummibereifung und drei große mit Planen überspannte Leiterwagen standen auf dem Schulhof. Die 11 Pferde wurden in verschiedenen Stallungen im Dorf untergebracht. Die landwirtschaftliche Berufsschullehrerin Anna Schultz übernahm die Küchenleitung; insbesondere die Verteilung der auf Karten bezogenen Lebensmittel, und kaufte Kartoffel, mehrere Zentner Kohl und anderes Gemüse, soweit es zu haben war, für sie ein. Die Flüchtlinge, insbesondere auch die Gutsherrschaft, gaben ihrer Anerkennung und Dankbarkeit für diese Hilfeleistung bei jeder sich bietenden Gelegenheit und auf verschiedener Art freudigen Ausdruck (Stellung von Fuhrwerk, Hilfe bei Garten- und Ackerarbeiten u.a.).

Am 25. Februar wurden aus unserer Schule 2 Knaben und 8 Mädchen konfirmiert: Horst Paul, Martin Buchweitz, Ilse Zorn, Hella Labahn, Ursula Thom, Gerda Voß, Anni Voß, Liselotte Ubechel, Walli Kuhlmann, Dora Leesch; aus dem ganzen Kirchspiel zusammen 7 Knaben und 16 Mädchen (23 Kinder).

Das elektrische Licht brennt in der Zeit von 7 bis 23 Uhr in der Regel nur 2 Stunden. Haus- und Viehwirtschaft wird dadurch sehr erschwert, weil vielfach Beleuchtungskörper für Petroleum fehlen oder nicht instant gesetzt sind, dazu

Petroleum in der Regel nur an diejenigen in sehr beschränkter Menge abgegeben wird, die im Stall keine elektrische Leitung haben.

Seit Anfang Februar machte sich eine Knappheit von Salz bemerkbar. Jeder erhielt auf seine Lebensmittelkarte nur 125 g pro Monat. Auch Essig war nicht zu haben. Streichhölzer wurden nur schachtelweise abgegeben.

Am 28. Februar wurden von einem Beauftragten des Gauleiters der NSDAP (Schwede - Coburg, Stettin) im Beisein von Frau Effland (NSV: Nationalsozialistische Volkswohlfahrt) die Zimmer sämtlicher Wohnungen besichtigt und jedem Wohnungsinhaber ist mitgeteilt worden, wieviel Flüchtlinge er im Bedarfsfalle unterbringen müsse.

Groß Stettin begann mit der Evakuierung (Räumung), zunächst Mütter mit Kindern bis zu 10 Jahren, dann Alte und Gebrechliche und zuletzt alle, die am Ort nicht benötigt wurden. Auch in Weitenhagen - Potthagen fanden einige Stettiner Familien Unterkunft.

Am 28. Februar teilte der Wehrmachtsbericht mit, dass russische Panzer westlich Rummelsburg einen tiefen Einbruch nach Norden erzwungen haben in Richtung Schlawe, zwischen Stolp und Köslin.

Wehrmachtsberichte:

vom 1. März: nördlich Arnswalde sind die Russen aus ihren Brückenköpfen über die Ina in unsere Hauptkampflinie eingebrochen. Feindliche Panzerspitzen erreichten die Straße Köslin - Schlawe;

vom 4. März: die Russen dringen über die Linie Daber - Schivelbein vor; Rummelsburg ging verloren;

vom 5. März: Zwischen Stargard und Neugard dringen die Russen nach Westen vor. Stargard ging verloren;

vom 8. März: Durchbruchangriffe der Russen auf Stettin zwischen Greifenhagen und Gollnow. Heftige Kämpfe südlich Kammin und bei Kolberg, Graudenz ist gefallen.

Zwischen Düsseldorf und Köln gingen unsere Truppen auf das Ostufer des Rheins zurück. Bei Bonn sind heftige Kämpfe. Südlich stand der Feind im Rhein - Mosel - Dreieck.

In der Nacht vom 6. zum 7. März wurde Saßnitz bombardiert. Wir hatten Fliegeralarm.

Die ganze Kriegszeit über mußten eine Stunde nach Sonnenuntergang bis eine Stunde vor Sonnenaufgang sämtliche Fenster durch Läden, Vorsätze, lichtdichte Vorhänge oder Rouleaus (Rollos) aus schwarzem Verdunklungspapier verdunkelt werden, so dass kein Lichtstrahl nach außen drang. „Licht ist das beste Bombenziel!"

Feuerlöschgeräte, Luftschutzhandspritzen, soweit sie beschafft werden konnten, Feuerpatschen, Eimer und andere Gefäße mit Löschwasser, Tüten mit Sand, Feuerhaken, Äxte, Beile, Sägen mußten dauernd in jedem Hause bereit stehen. Auch die Viehställe wurden geschützt, insbesondere auch gegen Gas. Im Dorf gingen, außer der Landwacht, 2 Mann Wache, um im Notfall Alarm zu schlagen. Der Ortswart, der Beauftragte des Bürgermeisters in jedem einzelnen Ort, bestimmte abwechselnd von Haus zu Haus weiter die Wachhabenden.

Im Wehrmachtsbericht vom 9. März heisst es: Angriffe der Russen von Süden und Südosten auf Stettin. Bei Remagen überschritt der Feind den Rhein. Bonn gefallen. Am 12. März wurde Swinemünde von feindlichen Fliegern bombardiert. Es lagen dort zahlreiche Schiffe. Trecks und andere Flüchtlinge stauten sich dort gerade an der Fähre.

Am 10. März trafen auf dem Kleinbahnhof Flüchtlinge ein, deren Lebensmittelbetreuung Frl. Schultz übernahm. Es waren in der Mehrzahl Frauen und Kinder von Eisenbahnern. Sie wurden am 17. März nach Gützkow weiterbefördert.

Am 12. März machte hier ein Treck mit 28 Pferden aus dem Kreise Neustettin für eine Nacht Station. Den meisten Leuten gelang es, für die Nacht hier notdürftig Unterkunft zu finden, um einmal ordentlich schlafen zu können. Der Treck war schon 14 Tage unterwegs. Wer für diese Nacht kein Unterkommen mehr fand, mußte im Wagen übernachten, u. a. eine Frau mit 7 Kindern. Die Wagenleitern waren mit Stroh durchflochten, über den Leitern ein Lattengerüst aufgeschlagen und dieses mit Ernteplanen, Teppichen u. a. überspannt, um notdürftig Schutz gegen Kälte, Regen und Wind zu haben. Zwei Zugehörige des Trecks waren unterwegs gestorben, ein Dritter wurde hier in Weitenhagen beerdigt.

Am 13.3.1945 zog der Treck in Richtung Stralsund weiter, da ein neuer Treck erwartet wurde. Dieser traf an demselben Tage nach achtwöchiger Fahrt aus Gallnau bei Preußisch Eylau, Kreis Marienwerder, hier ein. In jedem Wagen blieb nachts eine Wache zurück, weil die Leute unterwegs schon häufig bestohlen worden waren. Sie erzählten von dem zahllosen umherirrenden oder sterbenden Vieh, das sie unterwegs angetroffen hatten. Vieles war schon verendet. Sie berichteten von dem Elend vieler Flüchtenden, die unterwegs krank wurden oder starben, und von den ohne Waffen zurückgehenden Soldaten. Artillerie hatten sie nicht gesehen. Sie waren voll guter Hoffnung und glaubten, in 3 Wochen wieder zurückkehren zu können. Häufig hätten sie erst in der letzten Minute, oft nachts, Räumungsbefehl erhalten und deshalb in der Eile kaum das Allernötigste mitnehmen können. Meistens seien die Russen schon an einem Ende in den Ort eingedrungen, während die Flüchtenden am anderen Ende mit Gepäck, Handkoffern, Rucksäcken, Fahrrädern, Handwagen, Kinderwagen usw. auszogen, und die Geschosse ihnen schon über die Köpfe hinwegflogen.

Am 14. März traf wieder ein Treck ein, unter ihnen die Gutsbesitzerfrau Bartelt (450 Morgen) aus Langenhagen, Kreis Saatzig (Stargard/Pommern). Ein Flüchtling blieb im Gasthaus Lohrke. Er und 12 andere waren von ihrem Treck abgekommen und hatten am 12. März den Luftangriff auf Swinemünde miterlebt. Die 12 waren dabei ums Leben gekommen.

Am 15. März wurden hier wieder 3 Flüchtlinge beerdigt, 2 in Särgen, einer in eine Decke eingeschlagen.

Südlich und südöstlich von Greifswald war ein hausgroßer Panzergraben ausgehoben. Südlich der Flakkasernen stand auf der Gützkower Landstrasse, die der Panzergraben nicht durchquerte, ein Mlitärposten und prüfte die Personalausweise, die alle Passanten bei sich führen mussten. Von Raßmus' Mühle (Jarmener Kunstmühle) an der Gützkower Landstraße bis zum Gymnasium hielt eine lange Reihe Treckwagen die dicht an dicht hintereinander standen.

Am 16. März traf ein Treck aus Lanz, Kreis Saatzig, hier ein, in der Mehrzahl wohlhabende Bauern. Sie konnten in den nächsten Tagen nicht weiter, weil die Straßen verstopft waren, und blieben dann hier wohnen.

Ende Februar wurde die Paketsperre bei der Post gelockert, Briefe wurden wieder zugelassen. Am 8. März teilte die Greifswalder Zeitung mit, dass ab 1. April 1945 das Halten von Gänsen, Enten und Puten zwecks Futterersparnis verboten sei. (Die Gänse brüteten um diese Zeit gerade.) Pro Person durfte nur ein Huhn und auf 1 bis 15 Hennen zusätzlich ein Halm gehalten werden, sofern eine eigene Futtergrundlage vorhanden war. Für jede Henne dürfen nur zwei Küken nachgezogen werden. Am 3. September sollte der Bestand wieder auf die am 1. April gestattete Anzahl reduziert sein. Das Verbot der Gänsehaltung wurde aber, aufgrund zahlreicher Vorstellungen hin, bereits vor dem 1. April widerrufen.

Die Kleinbahn fuhr vom 1. März an nur Mittwoch und Sonnabend einmal nach Greifswald und zurück. Am 18. März wurde das Eisenbahn - Direktionsbüro der Pommerschen Kleinbahnen in Stettin auf unserem Kleinbahnhof untergebracht, sowie Gefolgschaftangehörige der Kleinbahn.

Am 22. März ist nach längerer Pause der Schulunterricht wieder aufgenommen worden, und zwar in den Zimmern der Lehrerwohnung West, da die Klassenzimmer mit Flüchtlingen besetzt waren. Herr Effland unterrichtete das 5. bis 8. Schuljahr von 9 Uhr bis 12 Uhr, Herr Otto Dwars, Flüchtling aus Naugard, Sohn des früheren Lehrers Dwars, das 2. Schuljahr von 8 bis 10.30 Uhr, Lehrerin Frau Lappe, die als Flüchtling aus Westpreußen bei Herrn Effland wohnte, das 3. und 4. Schuljahr von 2 Uhr bis 5 Uhr, und Hauptlehrer Schultz das erste Schuljahr von 11 Uhr bis 1 Uhr. Frl. Anna Schultz erteilte den Unterricht in den technischen Fächern. Kreisschulrat war Rektor Krabbe aus Altentreptow, Regierungsschulrat war Otto, früher Kreisschulrat in Greifswald, bis 1933 Lehrer in Stettin.

Am 24. März wurden 11 Kinder, drei Jungen und 8 Mädchen, wegen Beendigung der Schulpflicht entlassen.

In Greifswald waren Panzersperren in den Straßen errichtet worden, unter anderem am Wall zwischen Wilhelmsplatz und Fleischerstrasse.

Weil eine große Anzahl von Flüchtlingslehrern hier auf Beschäftigung im Schuldienst wartete, wurde Hauptlehrer Schultz vom 1. April ab beurlaubt, um demnächst aus seinem Angestelltenverhältnis im Schuldienst entlassen zu werden. Dazu ist es aber wegen Beendigung des Krieges nicht mehr gekommen, weil keine Behörde mehr da war.

Die Osterferien dauerten vom 30. März 1945 bis zum 2. April einschließlich.

Die Schulabteilung des Regierungspräsidenten Stettin wurde in Greifswald im Nordischen Institut, Adolf - Hitler - Damm 1, untergebracht. Auch Regierungsrat Otto wohnte in Greifswald.

In der Nacht vom 1. zum 2. April sind die Uhren auf Sommerzeit eine Stunde vorgestellt worden.

Aus unserer Kirchengemeinde sind bis jetzt ca. 36 Soldaten gefallen.

Am 3. April mussten alle Fahrräder beim Bürgermeister angemeldet werden

Seit dem 12. April wurde für die Flüchtlingskinder eine einklassige Schule im Lehrerinnen - Wohnhaus eingerichtet, die Herr Otto Dwars betreute. Diejenigen unter ihnen, die in diesem Jahre zur Entlassung kommen (7), wurden nach einer kurzen mündlichen und schriftlichen Prüfung mit einem Zeugnis von Herrn Effland entlassen.

In der Nacht vom 13. zum 14. April war Fliegeralarm. Bomben fielen in Richtung Stralsund - Barth.

Die Kleinbahn fuhr seit der vorigen Woche wieder alle Tage einmal, dazu Montag, Mittwoch und Sonnabend abends wieder nach Greifswald.

Nach Ostern sind die Nachrichten über den V - Beschuss (Vergeltungsbomben) vom europäischen Festland auf London und Südengland ausgeblieben.

Herr Regierungsrat Otto wohnt jetzt bei Herrn Effland. Am 19. April begann eine Flüchtlingslehrerin aus dem Kreis Saatzig an unserer Schule zu unterrichten.

25. April: Adolf Hitler ist in der Reichshauptstadt. Die Russen sind in Berlin eingedrungen. Der Kanonendonner bei Stettin ist hier zu hören. Die Russen beschießen die Straße nach Pasewalk. Hier geht das Gerücht um, russische Soldaten seien in Löcknitz, ja schon in Pasewalk. Die Leute hier fangen an, eilig Sachen einzugraben. Der Deutschlandsender ist fast gar nicht zu verstehen, andere Rundfunksender sind nicht zu bekommen.

In unserem Wald ist ein russischer Soldat gesehen worden, der sich auf dem Jagd - Hochstand beim Langen Berg, eventuell in der Schonung am Weg vom Kleinbahnhof nach Guest aufhält, Kartoffeln aus den Mieten holt, und sie sich beim Hochstand am Feuer röstet - vielleicht ein geflohener Gefangener. Er wird gesucht, ist aber nicht gefunden worden. Am 26. April wird hier amtlich Bescheid gegeben, dass die Einwohner sich zur Räumung bereithalten sollen.

In der Nacht vom 25. zum 26. April hören wir starke Bombendetonationen. Eine Bombe schlägt in Greifswald, etwa Ecke Wiesen- und Brinkstraße ein, ohne Gebäude zu treffen. Nur Fensterscheiben wurden beschädigt. In der Nacht vom 26. zum 27. April wird Greifswald von russischen Fliegern bombardiert. In der Anklamer- und in der Steinbecker Straße sowie in Ladebow entstehen Gebäudeschäden ohne Brände.

Der Gemeinde Weitenhagen wurden weitere Flüchtlinge zur Unterbringung zugewiesen.

Am 28. April zieht Gutsbesitzer Langer aus der Schule mit seiner Gefolgschaft (54 Personen) weiter nach Rügen, wird aber bei Stralsund nicht über den Rügendamm gelassen, sondern von Stralsund aus weitergeschickt und landet nach mühseliger Fahrt in Rastorf, Kreis Wismar. Die Schulräume werden sogleich wieder dicht mit Flüchtlingen belegt.

Jetzt geht's um das Überleben…

Am 28. April kommt in Greifswald eine Vereinbarung zwischen dem Oberbürgermeister Dr. Rüttels, dem Kreisleiter der NSDAP Dr. Schmidt, dem Kommandanten Petershagen und dem Professor Katsch (gegen den Kreisleiter) dahingehend zustande, dass Greifswald nicht verteidigt, sondern kampflos übergeben werden soll, da seine Verteidigung völlig aussichtslos sei (Petershagen).

Dadurch blieb Greifswald als einzige Stadt in weiter Umgebung und auch ihre Umgebung von schweren Schäden verschont.

Am 28. April treffen russische Panzerspitzen in Jarmen ein. Das Gemeindebüro Weitenhagen wird aufgelöst. Es werden Karten auf Lebensmittel für 3 Wochen ausgegeben. Die Kleinbahn fährt zum letzten Mal. Hiesige Einwohner richten ihre Wagen zur Flucht vor. Am Sonnabend, dem 28. April, wird der letzte Unterricht in der Schule erteilt.

Sonntag, 29. April: Wermachtsbericht: unsere Front ist auf die Linie Neubrandenburg - Anklam zurückgedrängt.

29./30. April: nachts Feuerschein von Bränden links und rechts von Greifswald. Koffer und Rucksäcke zur Flucht wurden gepackt. Am 30. April kommt aus Greifswald die Nachricht, dass bei der Firma Dust, Anklamer Landstraße, die weiße Fahne herrausgehängt ist. Unser Bürgermeister Gutsbesitzer Steinhoff, Guest, ist geflohen. Durch Initiative von Superintendent Dr. Berg und Hegemeister Plagens wird Hermann Jürgens, der schon bis 1933 Gemeindevorsteher war, als Bürgermeister eingesetzt. Er ordnet an, überall die weiße Fahne, das Zeichen der kampflosen Übergabe, zu zeigen.

Das Gemeindeamt ist benachrichtigt worden, dass die russischen Truppen schon in Gützkow sind und in 3 Stunden, also um 11 Uhr, hier sein können. Gegen 9 Uhr kommen versprengte deutsche Soldaten hier vorbei, das einzige, das wir von unserer Front bemerkt haben. Sie raten uns, Uhren und Ringe bereitzuhalten.

Am Montag, den 30. April 1945, kommt aus Richtung Groß Schönwalde ein russischer Vortrupp die Kleinbahnstrecke entlang, biegt in die Dorfstraße ein und kommt um dreiviertel 10 Uhr am alten Schulhaus (Küsterhaus), meiner Wohnung, vorbei. Als er aber am Westgiebel das Auto eines Flüchtlings, Kaufmann Richard Topel aus Augustwalde, gewahr wird, steigt der Anführer ab, nimmt das Auto in Beschlag und kommt ins Haus. Er ist ein Ukrainer, spricht verhältnismäßig gut Deutsch und verlangt Uhr, Schnaps und Zigaretten. „Was der Soldat braucht, das darf er nehmen. Soldat braucht Uhr…" Und so bin ich meine Taschenuhr los (11.45 Uhr). Deutsche Tiefflieger sausen stundenlang über unseren Ort hinweg und schießen mit Bordwaffen. Von Groß Schönwalde her kommt den Kirchsteig entlang ein ununterbrochener Zug russischer Soldaten verschiedener Waffengattungen ins Dorf und biegt links ab nach der Kleinbahnstrecke zu.

Um 2 Uhr kapituliert Greifswald bedingungslos. Anklam, Demmin, Pasewalk liegen in Trümmern. Die Geschäfte in Greifswald verkaufen weiter, die Lebensmittelkarten werden weiterhin beliefert, Mark bleibt Mark. Hinzu kommen noch die unserer Mark gleichwertigen Geldscheine der „Alliierten Militärbehörde, in Deutschland in Umlauf gesetzt".

Immer mehr Soldaten rücken in Weitenhagen ein. Einige sprechen recht gut Deutsch. Sie verlangen Essen und fragen nach versteckten Soldaten: „Gleich sagen, sonst wirds schlimm! Leute nicht in den Wald laufen, wir tun ihnen nichts, wie Göbbels und Göring sagen. Wenn keiner zuhause ist, wird Iwan Betten aufreißen, Schränke kaputtschlagen usw. Wenn alle zu Hause sind, tut ihnen keiner etwas. Einige Frauen haben Angst, wollen sich aufhängen,…, meinetwegen!" Sie Fragen nach Pistolen, Uhren, alles, „was der Soldat braucht". Zigaretten haben sie selbst reichlich. Telefondrähte sind durchgeschnitten. In allen Häusern wird für russische Offiziere und Soldaten Quartier gemacht. Bei mir wohnen im Südwest - Zimmer (Schlafzimmer) 4 Offiziere und ein Soldat, im Nordwest - Zimmer, dass einem Flüchtling eingeräumt worden war, ein Offizier und ein Soldat. Dachzimmer und Bodenraum sind mit Flüchtlingen belegt. Spät abends kommen noch viele Lastkraftwagen durch unseren Ort, die, wie mir gesagt wird, ebenso wie die am Tage, auf Landwegen Richtung Berlin fahren. Die ganze Nacht kommen Trupps und suchen in den Häusern Unterkunft. Wir sitzen fast die ganze Nacht mit 18 Personen (Flüchtlinge, Nachbarsfrau mit Kind und wir selbst) in unserem Wohnzimmer, der ehemaligen Schulstube. In der Pfarre sind der General, namens Blechmann, mit seinem Stab und der Kommandant untergebracht. Der Pfarrer, Superintendent Dr. Berg, behält ein Zimmer. Die Flüchtlinge aus dem Pfarrhause wurden in die Kirche umquartiert, die abgeschlossen wird (von den Flüchtlingen von innen), in die aber russische Soldaten in der Nacht zum 1. Mai doch über den Grabstein links neben der nördlichen Kirchentür durchs Fenster Zugang finden. In der Kirche wurde nichts ruiniert. Die Schulgebäude wurden ebenfalls belegt (30. April).

Die Tochter von Herrn Effland, Lydia Effland, war mit ihrem Kind in den Wald geflohen. Herr Effland ging mit den beiden Schulräten Otto und Krabbe nach Greifswald, ohne dass es ihm gelungen war, seine Tochter aufzufinden. Auch andere Familien müssen ihre Häuser verlassen, weil sie für die Rote Armee benötigt werden: zum Beispiel Lehrer im Ruhestand Papst und Hegemeister i. R. Plagens. Der General gestattet das Abhalten von Gottesdiensten und sonstige kirchlichen Handlungen in hergebrachter Weise. Mädchen, die sich bedroht fühlen, dürfen nachts im Pfarrhause schlafen.

Einige Frauen treffen in ihrer Verzweiflung Maßnahmen, um sich mit ihren Angehörigen das Leben zu nehmen, kommen aber doch durch widrige Umstände davon ab: die elektrische Starkstromleitung ist grade abgeschaltet, oder das Wasser ist nicht tief genug. Nur eine Frau, die sich auf dem Wege nach Greifswald mit ihrer zehnjährigen Tochter in einem Wasserloch ertränken wollte, dessen Wasser aber auch zu flach war, ritzte in ihrer Hilflosigkeit mit einer Haarnadel der Tochter die Schlagader auf. Dann verging ihr aber der Mut, sie schliefen die Nacht über an dem Wasserloch. Morgens war die Tochter tot. Am 5. Mai ist sie hier beerdigt worden. Aus der Umgebung hörte man häufig von einzelnen Leuten oder ganzen Familien, die freiwillig oder unfreiwillig aus dem Leben gegangen sind.

Der 1. Mai wird von den Russen gefeiert. Am 2. Mai ziehen die Soldaten ab. Nun fangen insbesondere die freigelassenen Kriegsgefangenen, Belgier, Franzosen, Russen und vor allem die Polen an zu plündern. Alle Häuser wurden durchsucht nach Kleidungsstücken, Stoffen, Schuhzeug, Uhren, Koffern u. a. für sie brauchbaren Sachen. Den Bauern und den Flüchtlingen werden die Pferde und Wagen weggenommen, um mit ihnen, voll beladen, in die Heimat zu fahren. Die Einwohner müssen ihnen beim Herrichten der Wagen und beim Anspannen der Pferde helfen. „Schnell, schnell!" heißt es immer, damit der russische Kommissar sie nicht ertappt, da Plündern streng verboten ist. Die GPU (russische Polizei) ist in Tätigkeit.

Hermann Jürgens, Plagens, Dr. Berg und zahlreiche andere Einwohner wurden längeren Verhören unterzogen. Am 2. 5. um 4 Uhr ziehen wieder russische Soldaten auf Lkw hier ein. Doch das Plündern geht weiter, auch die Nacht hindurch und am nächsten Tage. Bei mir, in meiner Wohnung im alten Schulhause (Küsterhaus), werden zwei beim Ausräumen des Schuhschrankes auf dem Flur überrascht, nachdem sie schon die Schubladen und Schränke im Zimmer hastig durchstöbert haben: „Moment mal, Moment mal!" Eine Anzahl Leute aus dem Dorf kommt mit dem russischen Kommissar (der bei Uecker wohnt) mit einigen Soldaten hier vorbei. Wir rufen den Kommissar herein, der einem der Plünderer mit der Hand ins Gesicht schlägt. Beide werfen die erbeuteten Sachen weg und werden von einem Soldaten abgeführt. Um Mitternacht kommen 6 bewaffnete russische Soldaten: „Kontrolle!", gehen unten und oben durch das ganze Haus, fragen nach deutschen Soldaten und nach Uhren. Wir hatten keine mehr.

Am 3. Mai vormittags wird bekannt, dass es längere Zeit kein Brot geben wird. Jeder beeilt sich, noch etwas zu bekommen. Für jeden Haushalt wird ein Brot übergeben. Die Uhren müssen auf Moskauer Zeit, also eine Stunde vor Sommerzeit, umgestellt werden. Jedoch setzt sich diese Maßnahme nicht auf Dauer durch.

Am 4. Mai stirbt der alte Schmiedemeister Franz Krethlow hierselbst, dessen Vorfahren schon durch mehrere Generationen hier ansässig waren.

In diesen Tagen wird Lydia Effland im Wald aufgefunden und in die Klinik gebracht, wo bei ihr eine Schusswunde in der Schläfe festgestellt wird. Sie ist nicht mehr zu retten und stirbt. Da kein Fuhrwerk mehr aufzutreiben ist, holt ihr Vater sie mit der Karre nach Weitenhagen, wo sie am 6. Mai beerdigt wird. Nach einiger Zeit wird auch das Kind tot aufgefunden und am 2. Juni auf dem Sarg der Mutter beigesetzt.

Unsere Nachbarin Frau Meier hat ihr Haus verlassen, da es ganz von russischen Soldaten besetzt ist. Herr Wahls wohnt mit seiner Familie in der Waschküche im Stall. Bei Frl. Dwars wird gewaschen und gebacken. In ihrer Waschküche ist eine Sauna (Dampfbad) eingerichtet.

Der Melkermeister Snoppek aus Helmshagen und die Arbeiterfrau Topp aus Grubenhagen wurden wegen Widerstandes von russischen Soldaten erschossen. Letztere ist im Gutsgarten in Grubenhagen beerdigt worden.

Es wird erzählt, dass Frau Topp den flüchtenden jungen Frauen ihrer Familie vor einigen Russen Schutz bieten wollte und sich in den Weg vor das noch offene Fluchtfenster stellte. Auf die Frage, wohin sich die Frauen geflüchtet haben, hat sie eine Antwort verweigert. Deshalb wurde sie im Beisein ihrer beiden kleinen Kinder erschossen.

Wir sollten all derer gedenken, die hier in unserer Gemeinde ihr Leben gelassen haben !!!

In der Nacht vom 8. zum 9. Mai ist das Waffenstillstandsabkommen unterschrieben worden. Damit ist der Krieg zu Ende.

Am 9. Mai, dem Vortage des Himmelfahrtsfestes, ist bei der Roten Armee eine große Siegesfeier. Es wird angeordnet, dass bis 10 Uhr die rote Fahne überall zu zeigen ist. Es soll nicht gearbeitet werden. Bei Lohrke, wo ein großer Triumphbogen über der Straße errichtet ist, erhalten die russischen Soldaten ein Essen und Schnaps. Der Zugang von der Straße zum Pfarrhause, wo der General wohnt, ist mit vielen roten Fähnchen und Papierlampions dekoriert. Die Häuserfront von Lohrke, Zander und Hagemann (Post) ist mit roten Fahnen und Bildern von Stalin ausgestattet.

Gegen 3 Uhr nachmittags brennen bei Nehls in Großschönwalde (Gutshof) Scheune und Viehstall ab.

Efflands wohnen in Greifswald, da sie nicht in ihr Zimmer und in die Schule hineingelassen werden.

Alle Radioapparate müssen abgeliefert werden. Eine Zeitung gibt es nicht, ebenso keine Postzustellung.

In Wahls Koppel, hinter dem Gehöft, östlich vom Pfarrgarten, ist eine Feldküche aufgefahren, die die Soldaten versorgt. Dort steht dauernd ein Posten. Am 13. Mai zieht dieser sowie ein Teil der Soldaten bei Wahls, Frau Meier, Radloff und Ubechel ab.

Gegen Abend des 13. Mai 1945 brennt das Kleinbahnhofgebäude ab.

Am 15. Mai nimmt die Kleinbahn ihre regelmäßigen Fahrten wieder auf. Da sie morgens die Milch von den Gütern und Dörfern mit nach Greifswald nimmt, kommt sie sehr unregelmäßig.

In Weitenhagen werden weitere 30 russische Soldaten einquartiert, die zwischen den Reichsbahngleisen eingeschlagene Minen und Bomben unschädlich machen sollen. Etwa 15 deutsche Männer müssen beim Graben helfen. Auch Frauen und Mädchen werden zur Mitarbeit herangezogen.

Ein Teil der Russen ist am 16. Mai aus der Schule ausgezogen. Herr Effand ist heute wieder da. Er hat die Zeit vorher im Garten gearbeitet, aber nicht ins Haus dürfen. Die Russen suchen eifrig nach Fahrrädern, von denen viele beim Fahren lernen unbrauchbar werden. Sie versuchen dann, aus zwei oder drei beschädigten ein brauchbares Fahrrad zusammenzusetzen.

In der Nacht vom ersten zum zweiten Pfingsttag (20./21. Mai) werden der Tischler Sorge und seine Frau auf dem Bettrand beim Aufrichten erschossen, vielleicht weil sie im Zimmer Bilder ihres Sohnes Gustav - Adolf als SS Mann (Kampftrupp Hitlers) zu stehen hatten.

Am 22. Mai ist die Schule ganz geräumt. Efflands und Gransows, letztere waren solange bei ihrer Schwägerin Ida Gransow an der Trift untergekommen, können wieder in ihre Wohnungen. In der Schule ist vieles zerstört.

In Weitenhagen ist zunächst kein Russe mehr. Jedoch rückten sogleich wieder neue an, und so bleibt es in stetem Wechsel.

Die Heranschaffung von Lebensmitteln bereitet große Sorge, da Greifswald anfänglich die hiesigen Kaufleute nicht beliefern will. Stadt und Land haben außer den Einwohnern auch noch die vielen Flüchtlinge zu versorgen. Darum sollen diese und die Trecks bis zum 6. Juni wieder zurück, mit dem Dampfer oder der Bahn nach Stettin, andere nach Stargard. Tagelang liegen sie in Greifswald auf dem Bahnhof neben den Gleisen oder in einem vorgefahrenen Zug, den sie dann wieder verlassen müssen, weil er anderweitig gebraucht wird. Zwischen den Schienen wird gekocht. Am 8. Juni wird der Ausweisungsbefehl wieder aufgehoben, da die Bahn zum Abtransport von Polen und zu militärischen Zwecken benötigt wird und dem Treck die Pferde fehlen. Sie würden auch nur bis Scheune bei Stettin oder bis zur Oder gekommen sein, da östlich der Oder die Polen sind. Einige Flüchtlinge kommen noch mit einem in Stralsund mit Schwellen und Schienen beladenen Güterzug mit offenen Wagen weiter, auf denen die Flüchtlinge hocken. Andere wurden mit der Kleinbahn über Jarmen nach Ferdinandshof gebracht, um von dort mit der Reichsbahn weiter zu fahren. Alle Mühen, Entbehrungen und Wege nehmen sie auf sich, um wieder in die Heimat zu kommen, was einem Teil auch gelingt. Andere kommen bloß bis Stettin voran. Die ersteren können sich auch einige Tage und Wochen in der Gemeinde aufhalten und anfangen, ihre Wirtschaft, ihre Wohnung zu ordnen. Dann aber werden alle wieder ausgewiesen, ausgeplündert und kommen, auch ihrer letzten Habe beraubt, wieder zurück.

Am 25. Mai wird ein Trupp festgenommener Deutscher auf der Gützkower Landstraße zur Umschulung in ein Lager bei Neubrandenburg transportiert. Darunter sind wahrscheinlich auch der Lehrer, Kantor und Standesbeamte Paul Ortmann sen. aus Neuenkirchen und sein Sohn, der Arzt Dr. Hans Ortmann.

Unaufhörlich erfolgen Requisitionen von landwirtschaftlichen Maschinen und Geräten, Zentrifugen, Nähmaschinen, Fahrrädern, Vieh, Geflügel, Kleidung, Wäsche, Schuhzeug, Taschenuhren, Möbeln, kleingemachtem Holz, Handwerkszeug u. a. aus militärischen Gründen, oder auf eigene Faust vorgenommen. Oder es ereignen sich sonstige Beunruhigungen, so dass der Bürgermeister sich am 27. Mai veranlaßt sieht, Schutz bei dem Kommandanten in Greifswald zu erbitten, der auch durch die häufige Entsendung von Polizei gewährt wird, da hier z. Zt. kein Kommandant ist. Obwohl mehrmals Verhaftungen erfolgen, können doch andauernde Übergriffe, die in der Regel von Greifswald aus erfolgen, nicht verhindert werden. Laufend werden von der Verladerampe bei der Obstbausiedlung Greifswald aus Sachen abtransportiert.

Das Vieh wird auf Gütern untergebracht. Aus dem Lehrerzimmer der Schule wurden ein großer Ausziehtisch und 12 Stühle per Lastauto abtransportiert, dazu auch Sachen aus Efflands und Gransows Wohnungen.

Am 2. Juni wurden Frauen zur Säuberung der Schule beordert, in der Bücher, Landkarten, Stroh, Stoffreste, Sand usw. durcheinander den Fußboden bedeckten. Das meiste musste auf dem Schulhof verbrannt werden. Stühle aus den Schulklassen wurden im Wald gefunden. Die Schulchronik wird durch Frau Dietrich, geborene Schultz, gerettet. Seit dem 1. Juni ist die Schule wieder mit Russen belegt, besonders Efflands Wohnung.

Schon vom 1. Mai an werden keine Gehälter mehr gezahlt. Alle Konten bei Sparkassen und Banken sind gesperrt.

Am 3. Juni sind 21 Autos mit Menschen und Vieh auf dem Schulhof aufgefahren. Am 4. Juni ist reger Lastwagenverkehr im Dorf. In der Schule sieht es wieder so aus wie vor dem 2. Juni.

Brot und Butter sind knapp. Kohlenknappheit macht sich stark bemerkbar, auch beim elektrischen Strom gibt es Abschaltungen. Sprengungen in Ladebow und woanders sind vernehmbar. Am 6. Juni werden Kosaken mit ihren Pferden hier untergebracht. Am 7. Juni sind Radioantennen abgenommen worden. Mitte Juni wird die Hochspannungsleitung mit den Isolatoren abmontiert, die von Greifswald über das Feld bis zum Langen Berg und weiter geradeaus Richtung Groß Kiesow verläuft. Die Masten bleiben stehen. Ab dem 20. Juni werden die Kleinenbahnschienen von Gützkow - Jarmen aus aufgenommen und Richtung Greifswald abtransportiert.

Russische Soldaten tun sich den Sommer über gütig an dem Obst in den Gärten. Bedauerlicherweise muss der Wahrheit gemäß hier auch berichtet werden, dass sich nicht nur ein Teil unserer Schulkinder, sondern auch Erwachsene daran beteiligen, ebenso auch bei der „Bergung" und „Sicherstellung" der Sachen aus der Schule auf Nimmerwiedersehen. Auch sie sind „sehr rührig". So sind zum Beispiel nicht nur Bücher, Schranktüren und Schrankböden sowie Schubkästen in Schränken und Schultischen der Anfängerklasse, sondern auch fast alle, besonders physikalische Lehrmittel, die sich gut als Spielzeug eignen, verschwunden. Ferner die Fliegenvorhänge, die gesamte Kücheneinrichtung zum Anschaffungspreis von 2735, 37 Reichsmark und sämtliche Werkzeuge aus dem Werkraum im Wert von rund 2.000 RM sind ebenfalls zum größten Teil auf diese Weise entwendet worden. Das wurde dadurch erleichtert, dass die Haustürschlösser entweder herausgebrochen oder unbrauchbar gemacht worden waren. Ja, man hört, dass die Leute zu den Soldaten sagen: „der hat noch Pferd und Wagen" oder „da ist noch Obst" oder „da ist noch eine Frau" usw., ja sie selbst dorthin führen, vielleicht aus Neid gegen diejenigen, die noch etwas behalten haben oder zum Teil aus Bosheit bzw. um selbst die Soldaten, die bei ihnen anfragen, los zu werden. Viele Sachen aus der Schule: Schränke, Tische, Stühle, Küchengeschirr und anderes haben sich auch die Flüchtlinge angeeignet, da es ihnen am Nötigsten fehlt.

In der Regel mag keiner gern etwas mit der Polizei zu tun haben. Aber in der jetzigen Zeit ist es für uns eine Erleichterung, wenn die russische Polizei auftaucht. Vor ihr haben die Russen Respekt, und wenn ein Tunichtgut einen Beamten wittert, verschwindet er auf schnellstem Wege und versteckt sich im Kornfeld oder woanders. Zurzeit ist ein Polizeitrupp in Klein Schönwalde.

Bei uns sind die Arbeiter Lüthen (Waldgut Helmshagen) und Kutzner (Potthagen) als Polizisten eingestellt, die natürlich den Russen gegenüber nicht zuständig sind. Nach 10 Uhr abends darf sich keiner auf der Straße sehen lassen.

Ein Teil der abgereisten Flüchtlinge kehrt wieder zurück. Beim Bäcker gibt es wochenlang kein Brot. Einige backen selbst aus Roggen, den sie auf ihrer Schrotmühle zerkleinern. Das Schrot wird auch zu Suppen und anderem verwendet. Bei vielen Leuten müssen die Kartoffeln aushelfen (mit Schrot - Tunke/Soße). Frauen und Mädchen, auch Greifswalder, werden zur Arbeit in der Landwirtschaft eingesetzt. Teilweise erhalten sie dafür Essen, Milch oder anderes. Geld gibt es nicht. Am 1. Juli kommt eine Rinderherde von Guest aus durchs Dorf.

Alle Förster, die in der Partei (NSDAP) waren, werden abgesetzt. Die Stelle des Kreisforstmeisters von Malzahn in Eldena wird Herren Kluczik (Potthagen, 26 Jahre alt) übertragen. Der Waldarbeiter Walter Ahlgrimm, Potthagen, wird Forstaufseher in Jägerhof. Ein großer Teil der Lehrer, Studienräte und der anderen Beamten, soweit sie PG (Parteigenossen der NSDAP) waren, werden oder sind ebenfalls aus dem Dienst entlassen. Die Gerichtsbeamten wurden schon gleich nach der Kapitulation beschäftigungslos.

Am 5. Juli wird bekannt, dass von jetzt an Arbeiter (im weitesten Sinne) - vorläufig nur in der Stadt - täglich 400 Gramm, Nichtarbeiter 200 Gramm Brot erhalten.

Am 7. Juli wurden die unteren Räume der Schule wieder gesäubert. Dort wird eine Arbeitskolonne von Frauen, Mädchen, alten Männern und halbwüchsigen Jungen aus Gützkow untergebracht, die hier die Kleinbahnschienen aufnehmen. Gearbeitet wird in 2 Schichten: 3 Uhr morgens bis 13 Uhr mittags und 14 bis 22 Uhr. Ein Mädel wollte wegen der schweren Arbeit und der mäßigen Ernährung ausrücken. Ihr wurde ein scharfer Schuss nachgeschickt, so dass sie wieder zurückkommen musste.

Am 9. Juli zieht die Polizeiwache aus Klein Schönwalde nach Bandelin. Die Familien Kortmann, Klein Schönwalde, und Miller, Potthagen, die bei ihr gearbeitet haben, siedeln mit ihr dahin über.

Am 12. Juli hören wir hier die Kleinbahn zum letzten Mal läuten und pfeifen, da man mit dem Aufnehmen der Schienen Klein Schönwalde erreicht hat.

Bis zum 14. Juli hat unser Bäcker noch nicht wieder gebacken. Heute wird die Schule wieder frei.

Am 16. Juli beginnen die Russen in Greifswald ganze Straßen mit besseren Häusern zu evakuieren, um sie für ihre Zwecke zu verwenden. Die Sachen müssen drinbleiben.

Heute, am 17. Juli, war hier die erste Postzustellung, vorerst noch in der Mehrzahl alte Postsendungen, die zurückgekommen und nicht mehr befördert oder bestellt worden sind. Briefmarken gibt es noch nicht. Jeder Brief wird beim Einliefern bezahlt (20 Reichspfennig Porto statt bisher 12 Rpf) und mit einem Stempel versehen: „Gebühr verrechnet".

Hier sollen wieder 5 Mann russische Polizei stationiert werden, 3 bei Hagemann (Post) und 2 bei Lohrke.

Seit dem 22. Juli fährt jetzt nur ein Zug pro Tag von Greifswald (Stralsund) bis Pasewalk und am anderen Tage zurück. Die Wagen sind bis auf die Dächer besetzt. Durch das Dorf reiten täglich Kosaken. Sie tragen breite rote Streifen an der Hosennaht und runde Mützen (keine Schiffchen) mit blauem oder rotem Boden.

Am 23. Juli ist Schulrat Hoffmann seit circa einer Woche Oberbürgermeister in Greifswald. Sein Nachfolger im Schulamt ist Schulrat Buchholz, bis 1933 Schulrat in Stralsund.

Am 24. Juli fand in Greifswald eine Lehrertagung zwecks Umschulung statt. Es sprachen: 1. Keller (ein Wissenschaftler): Politische Orientierung und Geschichtsauffassung, 2. Oberbürgermeister Hoffmann: Pädagogische Neuformung, 3. Rektor Bendt: Der Lehrer spricht zur Lehrerschaft.

Vor einigen Tagen nahm die GPU wieder Verhöre von PGs vor.

Hier fahren schon mehrere Tage lang Reihen russische Wagen, mit grünen Tannen beladen, vorbei. Die Bäumchen sollen zur Ausschmückung des Platzes für ein Reiterfest (Parade) auf einem Feld in Richtung Eldena dienen, das für diesen Zweck kahl gemäht wurde.

Unsere Polizei beordert am 29. Juli Frauen zum Roggen binden bei Nehls, Groß Schönwalde. Auch die Greifswalder werden zur Erntehilfe eingesetzt, insbesondere auf den Gütern. Unsere Bauern sind ebenfalls mit den noch vorhandenen Gespannen und Maschinen auf die umliegenden Güter beordert worden, ohne Rücksicht auf ihre eigene Wirtschaft. Der gesamte einsatzfähige Lehrkörper der Universität Greifswald, mit Assistenten und Assistentinnen ist vorläufig auf 14 Tage in Schmatzin zum Erbsen - Pflücken eingesetzt.

Seit dem 1. August sind die Banken und Sparkassen wieder geöffnet. Auszahlungen erfolgen nur von den neu eingezahlten Beträgen, soweit die Kassen dazu imstande sind.

3. August: Die Ernährungslage ist ernst. Das restlose Einbringen der Ernte erscheint aussichtslos wegen des Mangels an Pferden, Wagen und Maschinen.

Die beiden Lehrerwohnungen bei unserer Schule sind mit Flüchtlingen belegt.

Am 4. August früh gibt es beim Bäcker wieder Brot. Jede Person erhält wöchentlich ein Brot. Fische bekommen wir nicht zu sehen, da sie in Wieck gleich beim Anlegen der Boote von den Russen beschlagnahmt werden. Magen- und Darmerkrankungen treten in zunehmendem Maße auf.

Täglich fahren lange Züge mit Russen nach dem Osten. Regierungsrat Otto (PG) ist in der vergangenen Woche verhaftet worden.

Am 7. August ist eine Lehrerversammlung in Greifswald:

1. Professor Dr. Noack: Die Stellung Norwegens zum Krieg und zu Deutschland.
2. Schulrat Buchholz: Die neue Schule im Übergang.
3. Rektor Villain: Nazistische Erziehung.

Es setzt jetzt immer mehr der Tauschhandel ein, ab und zu auch mit Fischen. Das Geld wird nicht geschätzt, da kaum etwas dafür zu haben ist. Beamte und Lehrer haben seit dem 1. Mai kein Gehalt mehr bekommen. Pastoren erhalten halbes Gehalt. Die Preise für Lebensmittel auf Karten halten sich auf der bisherigen Höhe, also wie vor dem Zusammenbruch (Preisüberwachung).

Eine russische Kolonne bewaffneter Soldaten (Reiter) unter Führung eines Offiziers sucht am 12. August Haus für Haus alle Räume durch, um sämtliche Einwohner, auch die, die sich verstecken, zu erfassen und ließ sich die vorgeschriebenen Personalausweise (Kennkarten in deutscher und russischer Sprache mit Lichtbild) vorzeigen. Wer keinen hatte, musste mit auf die Straße, auf der sich dann kurz nach Mittag ein langer Zug nach Neuenkirchen zu bewegte, wo die Abgeführten ohne Essen bis gegen Abend festgehalten und dann wieder entlassen wurden. Gestern war dieselbe Kontrolle in Greifswald.

In Guest ist der Viehstall zum Pferdelazarett umgebaut worden. Hier und in der Umgebung herrscht die Maul- und Klauenseuche.

Am 17. August ist eine Schulungstagung der Lehrer in Greifswald:

I.   Österreich: Das Aktionsprogramm der kommunistischen Partei:
         1. Kampf und restlose Beseitigung des Hitlerfaschismus,
         2. Wirtschaftliche Maßnahmen und Neuaufbau,
         3. Eingeständnis der Kriegsschuld und Wiedergutmachung.

II.   Der katholische Pfarrer in Greifswald spricht über „die katholische Kirche und der Nationalsozialismus".

III.   Mittelschullehrer Rektor Bues: „das Führerprinzip und der Nationalsozialismus".

Jeder (nicht abgebaute) Lehrer musste mehrere Monate hindurch monatlich ein politisches Thema schriftlich bearbeiten und dem Kreisschulrat einreichen. („Wie beurteile ich Hitlers Behandlung der Judenfrage?", „Der Nationalsozialismus und die deutsche Familie", „Die Potsdamer Beschlüsse", „Der Nürnberger Prozess" u.a.)

Die Russen fahren jetzt tagelang grüne Tannen und Birken zur Ausschmückung eines mit Sand befahrenen Platzes im Bahndreieck östlich der Kleinbahn beim Bahnwärterhaus bei Greifswald aus unserem Wald für ein Reiterfest.

Viehhändler Conrad in Greifswald, Vulkanstraße, kauft Pferde, Rinder, Ziegen in Thüringen und anderswo auf, die hier durch die Gemeindebehörden an Landwirte weitergegeben werden.

Es kommen jetzt 50 Männer aus russischer Gefangenschaft hier durch, die ihre evakuierten oder geflüchteten Familienangehörigen suchen.

Lehrer, die vor dem 1. Januar 1937 der NSDAP beigetreten sind, werden ohne Gehalt entlassen, jene, die später Mitglied wurden, meistens unter Druck, werden beurlaubt, um später auf Bewährung im Wiederaufbau wieder eingestellt zu werden.

Am 26. August zieht Frau Emma Gransow wieder, nun endgültig, in ihre Wohnung in der Schule. Frau Steinhoff wohnt noch in einem Arbeiterhaus in Guest.

Für das zweite Halbjahr 1945 müssen von jeder Milchkuh 550 Liter Milch bei 3,5% Fettgehalt abgeliefert werden (zur Greifswalder Molkerei). Die fehlende Fettmenge ist durch zusätzliche Milchablieferung zu ersetzen, größerer Fettgehalt wird umgerechnet. Wer das Soll nicht erfüllt, dessen Vieh wird als Schlachtvieh behandelt.

Die Landstraßen sind belebt von Greifswalder Einwohnern, die mit Ziehwagen Holz aus dem Wald holen, auch Kinderwagen werden dazu benutzt. Andere tragen Rucksäcke, Handtaschen, Milchkannen um etwas Obst, Fallobst, Milch oder auch vielleicht ein wenig Butter und anderes auf dem Lande zu erstehen.

Es sollen 30 000 Russen in Greifswald und Umgebung einquartiert gewesen sein, von denen in der letzten Zeit ein Teil abgezogen ist.

Bis zum 9. September müssen die Schülerbüchereien von nazistischem Schrifttum gesäubert sein.

Am 7. September prüft eine russische Kommission (Soldaten) wieder die Personalausweise nach, wie auch schon am 6. August. Am 8. September zog ein

Trupp russischer Soldaten mit ungefähr 100 Pferden, mit Feldküche und gepanzerten Fahrzeugen aus Richtung Guest durchs Dorf.

Da in der Regel tagsüber der elektrische Strom ausgeschaltet ist, wird vielfach des Nachts gedroschen, um der drängenden Ablieferungspflicht nachkommen zu können. Förster Bessling aus Labes, Nachfolger von Werner, ist abgeführt worden. Forstaufseher Kluczik versieht den Dienst hier weiter. Er ist in Eldena abgelöst worden.

Am 1.September beschlagnahmen in Greifswald Privatleute, die in Begleitung russischer Soldaten in die Wohnungen kommen, „im Auftrage des Magistrats" Polstermöbel, Teppiche, Küchengeschirr, stellenweise auch ganze Häuser, mit mehr oder weniger Erfolg.

Anfang September werden unsere Einwohner, in der Regel des Nachts, wieder stark beunruhigt. In der Nacht zum 7. September schickt der Kommandant aus Greifswald wieder 2 Reiter als Patrouille.

Am 7. September gibt es bei Kaufmann Lorke, Weitenhagen, und Großklaus, Potthagen, 25 Gramm Butter pro Person. Wie lange die reichen muss, ist unbestimmt.

Alle PGs, die vor dem 30. April von ihren Besitzungen geflüchtet sind, darunter auch Herr Steinhoff, sollen Gut und Vermögen enteignet werden.

Am 9. September ist an den Anschlagtafeln im Dorf ein Befehl der sowjetischen Militäradministration zu lesen, dass

1. keiner der Ortsbevölkerung das Recht hat, ohne schriftliche Erlaubnis des Militärkommandanten (deutsche) Militärangehörige übernachten zu lassen;

2. die Militärkommandanten sollen die Durchführung dieses Befehls kontrollieren und die, die sich durch Nichterfüllung schuldig machen, zur Verantwortung ziehen. (Man hört von freiwilliger und auch unfreiwilliger Gewährung von Übernachtungsmöglichkeit.)

Zum 9. September haben die Lehrkräfte wieder eine schriftliche Arbeit abzuliefern: „Wie denke ich mir die Erziehung der Jugend zur Menschlichkeit und Gerechtigkeit?"

Ab dem 10. September greifen in Weitenhagen und Potthagen Diphtherie- und Typhuserkrankungen um sich.

Am 12. September 1945 bringt die Zeitung das „Gesetz über die Aufteilung des Grundbesitzes über 100 Hektar" und die Verordnung der sowjetischen Militärverwaltung über „Die Einrichtung deutscher Verwaltungen in der sowjetischen Okkupationszone": Verwaltungen für Transport, Post und Telegrafen,

Brenn- und Heizmaterial und Energieversorgung, für Handel und Versorgung, Landwirtschaft, Finanzen, für Arbeit und soziale Fragen, für Volksbildung (Direktor: Paul Wandel), Justiz (Direktor: Eugen Schiefer), für Gesundheitswesen. „Jede der Verwaltungen wird von einem Direktor geleitet. Diese Verwaltungen werden im Kompetenzbereich der gesamten sowjetischen Okkupationszone ihre Funktionen gemäß den Direktiven der entsprechenden Abteilung der sowjetischen Militärverwaltung in Deutschland und unter ihrer unmittelbaren Kontrolle ausüben." Eine Regierung gibt es nicht, auch nicht in Berlin.

Am 13. September gibt es beim Verteiler Schlächter Leesch in Potthagen Pferdefleisch.

In der vorigen Woche ist Frl. Ida Wallis in Potthagen, die von 1911 Bis 1930 den Handarbeitsunterricht an unserer Schule erteilte, gestorben. Am 17. September habe ich den ganzen Tag das Lehrerzimmer aufgeräumt und die wenigen noch brauchbaren Sachen aus dem Schutt auf dem Fußboden herausgesucht, unter anderem Bücher und die Gesteinssammlung.

In der Schule sind heute wieder Flüchtlinge untergebracht.

Gegen Abend traf Herr Effland aus dem Lager Neubrandenburg hier ein. Seine Wohnung ist mit Flüchtlingen besetzt.

Am 19. und 26. September sowie am 3. Oktober werden bei Lohrke alle Personen im Alter von 5 bis 50 Jahren gegen Typhus geimpft. Die Sterblichkeit in Greifswald ist hoch. Der Schulrat gibt bekannt, dass der Schulunterricht am 1. Oktober 1945 wieder beginnen soll.

Am 20. und 21. September müssen sich die hiesigen Parteimitglieder (PGs) auf der Militärkommandantur in Greifswald melden. Sie werden befragt nach der Zeit ihrer Mitgliedschaft u. a. und werden registriert. Eine größere Anzahl von Lehrkräften, früheren PGs, die zum 1. Oktober wieder in den Schuldienst einberufen worden waren, werden bald darauf wieder abberufen, u. a. Weu, Greifswald, aus Groß Schönwalde, Konrektor Hebel (Flüchtling) aus Diedrichshagen.

Seit dem 25. September vermittelt ein Trecker mit 2 Anhängern längere Zeit den Personenverkehr zwischen Greifswald und Jarmen/Demmin. Später fahren ein alter Autobus und ein Lkw. Sie sind immer gedrängt vollbesetzt.

Am 27. September säubert Frau Gransow mit einigen Frauen die Schule. Auf dem Schulhof liegt ein großer Haufen Stroh, Lumpen, Papier und anderes, der wegen Läusegefahr verbrannt wird. Das nordöstliche Schulzimmer ist noch von 8 Flüchtlingen belegt. Sie werden am 29. September nach Groß Schönwalde umquartiert.

Meine Tochter, landwirtschaftliche Berufsschullehrerin, Anna Schultz und ich, Karl Schultz, erhalten vom Kreisschulrat Renn - Greifswald - folgende Verfügung vom 20.9.45: „Auf Anordnung der Landesverwaltung Mecklenburg - Vorpommern, Abteilung Kultur und Volksbildung, beauftrage ich sie hiermit, vom 1. Oktober dieses Jahres ab, meine Lehrerinnen- (Lehrer-) Stelle an der Volksschule in Weitenhagen kommissarisch zu verwalten."

Brot hat es in den letzten Tagen noch nicht gegeben.

Die Schulzimmer werden durch einen Desinfektor des Gesundheitsamtes Greifswald gründlich desinfiziert. Formalin zum Vergasen ist z. Zt. nicht zu haben.

Jetzt gehts um die Neuordnung des Schulwesens ...

Am 1. Oktober 1945 fangen wir beide den Unterricht mit 133 hiesigen und 69 Flüchtlingskindern, zusammen also 202 Kindern, an. Fehlende Sitzgelegenheiten schaffen wir durch Bretter, die über 2 Stühle gelegt werden. Unterrichtet wird von 9 bis 14 Uhr (deutsche Sommerzeit) in 4 Klassen, in 2 Klassenräumen. Einige Kinder bringen noch Bücher, ein wenig Handwerkszeug, einige Stücke Kreide, Stühle und anderes mehr von zu Hause mit. Unser Kreidevorrat besteht nur aus wenigen Stücken. Wir helfen uns aus mit Scherben von gebrochenen Gipsfiguren, die die Kinder mitbringen.

An der Stelle, an der im Lehrerzimmer rechts neben der Tür, vom Flur her, ein mittelgroßer Spiegel gestanden hatte, stand mit Kreide an die Wand geschrieben in russischer Schrift: „Gitler kaput"! Ihre Schulbücher müssen die Kinder wegen des nazistischen Inhalts abgeben. Sowohl diese als auch die entsprechenden Bücher der Schul- und Schülerbücherei wurden an die Gemeindebehörde abgeliefert. Ein Teil der Schülerbücherei und der Buchstabentäfelchen, die Gesteinssammlung, einige Sachen der Werkraumeinrichtung und anderes ist noch aus dem Schutt geborgen worden. Sonst fehlen sämtliche Lehr- und Lernmittel. Die Kinder haben einen Bleistift und ein Blatt Papier, auch wohl noch ein Heft oder eine Schiefertafel mit Griffel. Damit fangen wir unsere Arbeit an.

In der Nacht vom 1. zum 2. Oktober wurden die Einwohner durch das Läuten der Kirchenglocken alamiert, da an der Trift wieder etwas im Gange war. Diese Vorfälle häufen sich in letzter Zeit wieder, so dass am 4. Oktober nachmittags wieder eine Patrouille von 7 Russen mit Pferden hier bei Zander untergebracht wird, da sich die Beunruhigungen teilweise ins Unerträgliche steigern.

Am 6. Oktober sind aus Guest die Russen restlos weg. In der abgelaufenen Woche sowie am 10. und 17. Oktober gibt es wieder Brot.

Auf eine Bescheinigung des Schulrates hin erhalten wir heute bei der Papierhandlung Hartmann, Greifswald, Knopfstraße, für unsere Schulkinder 100 Schreibhefte, 100 Bogen Schreibpapier, eine Schachtel farbige Kreide (weiße gibt es nicht), zwei Dreiviertelliterflaschen Tinte und 25 Stundenpläne. So gibt es auch weiterhin ab und zu kleine Zuteilungen, aber immer nur gegen eine amtliche Bescheinigung. Privat werden Schulsachen nicht abgegeben.

Als Nachfolger von Schulrat Buchholz, der zum Leiter der Lehrerbildungsanstalt (LBA) in Greifswald ernannt ist, sind für den Stadtkreis als Schulrat Burwitz und für den Landkreis Schulrat Renn berufen. Die Ausbildung neuer Lehrkräfte (LBA) dauert 8 Wochen, später 5 bis 10 Monate.

Es gibt eine schriftliche Verfügung vom 8. 10. 1945:

Der kommissarische Schulrat des Landkreises an

Herrn Hauptlehrer Karl Schultz, Weitenhagen, Kreis Greifswald

„Um eine reibungslose Zusammenarbeit zwischen dem Schulrat und den entfernt wohnenden Lehrkräften zu gewährleisten, ist die Einsetzung von Bezirkslehrern in Großgemeinden beziehungsweise Teilen von Großgemeinden notwendig. Ich ernenne Sie hiermit einstweilen zum Bezirkslehrer für die Großgemeinde Weitenhagen. Ihre Aufgabe ist die Weitergabe von Verfügungen an die Kollegen und das Einsammeln von Berichten. Sie sollen Vertrauensperson des Schulrates und der Lehrer sein."

gezeichnet: Renn

Gleichzeitig erhalten die Schulen den anliegenden Stundeneinteilungsplan (Lehrplan). Jedes Schuljahr bildet eine Klasse, auch an früher einklassigen Schulen, in denen die Kinder des 1. bis 8. Schuljahres gleichzeitig in einem Raum von einem Lehrer unterrichtet wurden. Mehrere Jahrgänge wurden zu Abteilungen zusammengefasst, in der Regel 4 Abteilungen.

Mit dem 8. Oktober ist der Resthof in Diedrichshagen, nördlich der Anklamer Landstraße, in Siedlungen von 20 bis 50 Morgen (das sind 5 bis 12,5 ha) aufgeteilt. Am 9. Oktober 1945 erfolgt die Aufteilung von Guest. Auch die Gutsarbeiter müssen eine Siedlung übernehmen, da sie sonst ihre Wohnung für andere Siedler (meistens Flüchtlinge) räumen müssen.

Stellvertretender Bürgermeister in Weitenhagen ist Herr Neumann (KPD), ein Flüchtling (Maler) aus Stettin. Er wohnt bei Hagemann (Post).

Am 8. Oktober wird in Greifswald der „Kulturbund" gegründet. Vorsitzender ist der Oberschul - Gymnasialdirektor Fritze. Am 9. Oktober sind die Russen hier bis auf wenige abgezogen. Ende des Monats rücken wieder andere ein.

Lehrerin Frl. Wolfram, zuletzt an der Hauptschule in Pleschen, Kreis Jarotschin, Wartheland, wohnt jetzt mit ihren Schwestern bei ihrer Mutter, Pastorenwittwe in Nauheim.

Am 10. Oktober gibt es neue Lebensmittelkarten, die in 4 Sorten ausgegeben werden:

A: Schwerarbeiter (dazu gehören auch die Professoren)

B: Arbeiter (in dieser Gruppe sind auch die Lehrer)

C: Nichtarbeitende (hierzu rechnen auch die Hausfrauen)

D: Kinder bis zu 5 Jahren

Auf diese Karten werden zugeteilt: Brot, Fett, Fleisch, Kaffeeersatz, Zucker, Käse, Kartoffeln, sobald diese Nahrungsmittel zur Verfügung stehen. Am 11. Oktober wird Rindfleisch verteilt. Sonst gibt es nur noch Brot, Kartoffeln und wenig Milch. Butter und anderes Fett, Nährmittel (Gries, Haferflocken, Nudeln usw.). Zucker, Essig, Salz, Marmelade, Streichhölzer, Webwaren, Schuhe, Holzpantoffeln, Nägel u. a. Eisenwaren, Tabakwaren, Seife u. a. Waschmittel, Küchengeschirr usw. gibt es seit Ende April überhaupt nicht mehr zu kaufen.

Die Kartoffelernte fällt in diesem Jahr wegen des trockenen Frühjahres mäßig aus, die Obsternte ist gut.

13. Oktober: Jetzt ist Herr Neumann zum Bürgermeister und Herr Herrmann Jürgens sen. zu seinem Stellvertreter ernannt worden. Herr Neumann zieht am 18. Oktober in die Lehrerinnenwohnung West, nachdem die dort so lange wohnenden Flüchtlinge Pape und Frau Kinowski (mit 8 Kindern) anderweitig untergebracht worden sind. Am 15. Oktober kehrt Frau Effland in ihre Wohnung zurück. Das Haus ist zum größten Teil noch mit Flüchtlingen besetzt. Bei der Brotausgabe ist wieder eine Pause eingetreten.

In Helmshagen sind nur noch 2 Russen, die den Abtransport des gedroschenen Getreides überwachen. Das Vieh ist zum größten Teil abgeschlachtet worden.

In der Nacht vom 17. zum 18. Oktober läuten um 23.30 Uhr wieder die Kirchenglocken. Es gab wohl irgendwelche besonderen Vorfälle.

Auf dem Schulplatz wurden 3 Schweine abgeschlachtet.

Die Berufung von Frl. Rieck an unsere Schule wird wieder rückgängig gemacht. Auf Anordnung des Schulrates soll sie in Greifswald unterrichten. Unserer Schule wird eine andere Lehrkraft zugewiesen werden.

Am 18. Oktober gibt es auf die Karten B und D 170 g Butter, auf alle Karten 400 g Zucker, Kaffeeersatz und Nährmittel, und für alle, die keine Hühner haben, pro

Person ein Ei. Nachmittags erfolgt eine Ausgabe von Hammel- und Pferdefleisch durch Schlächter Leesch, Potthagen.

Am 19. Oktober wird Helmshagen in Siedlungen aufgeteilt, ebenso am 20. Oktober Grubenhagen, und am 22. Oktober an die Siedler vergeben. An diesem Tag gibt man vom Gemeindeamt auch bekannt, dass es braunen Zucker zur Bieneneinfütterung gibt, 1 kg Zucker gegen 1 kg Honig bei Wertausgleich durch Geld. Der braune Zucker ist nicht beliebt. Er ist als Winterfutter für die Bienen schädlich (Ruhr!).

In den letzten Tagen hört man oft von Gänsediebstählen im Ort und in der Umgegend.

Gemeinde - Sekretär und stellvertretender Bürgermeister wird jetzt (am 23. Oktober) Herr Adolf Dwars, ein Sohn des ehemaligen Lehrers hierselbst, der bis April bei Borsig in Berlin - Tegel (Lokomotiven u. a.) als Kaufmann gearbeitet hat und jetzt bei seiner Schwester in Weitenhagen wohnt. Herr Jürgens sen. scheidet aus dem Gemeindeamt aus.

In der Nacht vom 23. zum 24. Oktober gibt es einen Alarm durch Läuten der Kirchenglocken. Bei Rakow sind schon Stalltüren aufgebrochen, als unsere Leute dort ankommen. Die Täter ziehen erfolglos ab.

Am 25. Oktober 1945 tritt Lehrerin Frl. Anneliese Krüger aus Greifswald (für Frl. Rieck) ihren Dienst an unserer Schule an (3. und 4. Schuljahr). Im 5. bis 8. Schuljahr soll russischer Sprachunterricht erteilt werden.

Bei Lohrke bauen Russen an der Rückwand des Saales draußen eine Feldbäckerei mit 10 Öfen auf, die täglich mit 5 Öfen ca. 700 Brote liefern kann. Sie soll die durchziehenden Truppen mit Brot versorgen. Lohrkes ziehen in die oberen Räume ihres Hauses. Der Verkauf ihrer Waren erfolgt bei Frau Schmiedemeister Krethlow (Frau Lieschen Krehtlow), geborene Lohrke. An der Straßenseite ist zwischen Fußsteig und Fahrweg ein Drahtzaun gezogen, so dass der Fußgängerverkehr auf die Fahrwegseite angewiesen ist. Vor dem Hause steht dauernd ein Posten.

Der Ortskommandant, ein russischer Arzt, wohnt bei Frau Hagemann (Post).

Am 25. Oktober gibt es Pferdefleisch.

An diesem Tage macht der Kreisschulrat darauf aufmerksam, dafür zu sorgen, dass bei der Aufteilung der Güter Dienstland für eine eventuell einzurichtende Schule sichergestellt wird.

Am 27. Oktober rücken hier wieder russische Soldaten ein. Bei Großklaus im Saal liegen 25 Mann. In Potthagen und an der Trift ist fast jedes Haus stark belegt. Die Straßen in Greifswald sind wieder sehr belebt von russischen Soldaten und Frauen.

Ladebow und das Luftwaffenlazarett (bei der Bismarck - Säule) sind voll besetzt. Am 28. Oktober wird vom Gemeindeamt folgendes bekannt gegeben:

1. Wenn nachts die russische Patrouille anklopft, dann melden!
2. Der Kommandant wohnt im Pfarrhaus.
3. Immer, besonders abends, Ausweis bei sich führen.
4. Nach ein Uhr nachts soll niemand mehr auf der Straße sein.
5. Die Türen abends geschlossen halten.

Vom 30. Oktober an baden russische Soldaten täglich im Baderaum der Schule. Hier war von der ersten Einquartierung im Mai eine Sauna angelegt worden. Am 31. Oktober rücken weitere Russen in Potthagen ein und nehmen am 1. November die Schulküche, den Werkraum, den Baderaum und den Umkleideraum im Keller für sich in Anspruch. Sie sagen zu, dass der Schulunterricht nicht gestört werden soll. Ein Flüchtling, der noch im Werkraum wohnt, muss umquartiert werden. In der Folgezeit hören wir im Klassenzimmer Ost während des Unterrichts im Werkraum die Russen erzählen, manchmal einzelne auch leise singen, ohne wesentlich zu stören. Den ganzen Tag wird draußen, vor dem Kellerfenster, in einem Kessel Wasser zum Baden heiß gemacht. Das Holz dazu schaffen die russischen Soldaten selbst heran. Im Umkleideraum bauen sie aus Ziegelstein einen Ofen, zu dem sie auch den Lehm selbst herbeiholen. Das Rauchrohr führen sie aus dem Kellerfenster ostwärts zwischen den zu diesem Zweck auseinander gebogenen Gitterstäben hindurch

Das monatliche Gehalt beträgt für Lehrer, die nicht PG waren, 200 RM für PG 100 RM (ab 1.Oktober). Ab November sind die vor dem Zusammenbruch gezahlten Gehaltssätze in Aussicht genommen. Die 200 bzw. 100 RM gelten als Vorschuss, bis die vollen Gehälter berechnet sind. Das nimmt längere Zeit in Anspruch, da sämtliche Unterlagen fehlen und diese erst von jedem erfragt werden müssen. Eine große Anzahl, besonders Flüchtlingslehrer, besitzt auch persönlich keine diesbezüglichen Dokumente mehr.

Als Schülermesszahl für eine Lehrerstelle ist die Zahl 50 festgesetzt, das heißt auf 50 oder angefangene 50 Schüler kommt eine Lehrerstelle. Für die Schule müssen wir wöchentlich dem Schulrat einen Lehrbericht für die abgelaufene und einen Lehrplan für die kommende Woche einreichen, da der amtliche Lehrplan noch nicht vorliegt. Den Lehrbericht müssen wir jetzt täglich nach jeder Unterrichtsstunde (bisher am Schluss jeder Woche) eintragen. Am 2. November besichtigt der Kreisschulrat Renn unsere Schule.

Am 3. November gibt es bei Lohrke je Person 50 Gramm Butter und nach dem 5. November werden wieder neue Lebensmittelkarten in den 6 Abstufungen für alle nicht in der Landwirtschaft Beschäftigten ausgegeben.

	Gruppen	Brot g	Grütze g	Kartoffeln g	Fleisch g	Fett g	Zucker g
1	Schwerstarbeiter	400	40	500	40	20	25
2	Schwerarbeiter	400	40	400	40	20	25
3	Arbeiter (einschl. Lehrer)	350	20	300	25	10	20
4	Angestellte	250	15	300	20	10	20
5	Kinder bis zu 5 Jahren und Schüler	200	10	300	15	10	25
6	Sonstige Bevölkerung	200	10	300	0	0	15

Außerdem gibt es für alle ohne Unterschied pro Tag und Kopf 30 g Marmelade. Für die Hauptstädte der Länder und größeren Industriestädte der sowjetischen Zone sind die Zuteilungen etwas höher, als in der Tabelle angegeben. Auch gibt es dort für alle Fett und Fleisch. Eine pommersche oder mecklenburgische Stadt ist aber unter diesen nicht genannt. Die in der Landwirtschaft Beschäftigten gelten als Selbstversorger oder Teilselbstversorger.

Am 7. und 8. November findet die russische Oktoberrevolutionsfeier statt, auf die auch im Unterricht hingewiesen wird. Als Thema ist vorgeschrieben: „Die russische Oktoberrevolution und ihre politische und wirtschaftliche Bedeutung für Europa und die ganze Welt". Am 8. November wohnen in der Schule 10 russischen Soldaten.

Seit dem 9. November ist unser neuer Polizeiwachtmeister (in Uniform) Herr Purrath. Er wohnt im Kreis - Gendarmeriehaus bei Frau Renkel. Am 14. November werden die neuen Lebensmittelkarten bei uns verteilt. Nach langer Zeit erhalten die Nichtarbeiter auf diese Karten wieder Brot.

Russische Offiziere forcieren in unserem Walde längere Zeit mit großem Eifer die Jagd.

Am 16. November schlafen in der Schule im Werkraum und in der Küche jetzt 30 russische Soldaten.

In dem Renkelschen Hause haben die Russen in 3 Zimmern eine Schuster- und eine Schneiderwerkstatt eingerichtet. Beschäftigt sind dort 2 russische und 3 hiesige (Flüchtlinge) Schumacher sowie 1 Schneider, 2 ukrainische Mädchen und einige Frauen aus dem Dorf. Sie erhalten Mittag, manchmal auch Abendbrot für ihre Arbeit. Es wird dort nur für Russen, insbesondere für Offiziere, gearbeitet.

Im Spritzenhaus, in der daneben liegenden Ramm´schen Feldscheune, sowie in der Scheune von Bernhard Holz (Trift) haben die Russen ein Vorratslager für sich eingerichtet, in dem von allem reichlich vorhanden ist. Es steht dauernd ein Posten dabei.

Von jetzt an erhalten nur noch Kinder bis zu 5 Jahren täglich ein Viertel Liter Vollmilch. Weitere (Mager-) Milch gibt es nur bei gutem Willen der Viehbesitzer. In der Nacht sind wieder Einbrecher an der Arbeit gewesen. Guest ist nach Ankunft der letzten Russen wieder Pferdelazarett.

In der Nacht vom 18. auf den 19. November werden alle Uhren auf Normalzeit eine Stunde zurückgestellt. Darum beginnt der Unterricht jetzt um 8 Uhr statt bisher nach der Sommerzeit um 9 Uhr. Wir haben Mühe, den Schuljungen, auch den kleineren, das Rauchen abzugewöhnen. Mit Vorliebe rauchen sie Zigarettenreste (Kippen), die sie von den russischen Soldaten erhalten. Überhaupt macht sich die schulfreie, wilde Zeit während des Sommerhalbjahres bei unserer Schuljugend noch immer recht häufig bemerkbar.

In der vorigen Woche wurden die enteigneten Großgrundbesitzer und Pächter aus der Umgegend von Greifswald sowie auch anderwärts durch öffentlichen Anschlag aufgefordert, sich zu einer gemeinsamen Umquartierung nach Sachsen, Thüringen u. a. polizeilich zu melden (damit sie bei der bevorstehenden Besiedlung ihrer Güter keine Schwierigkeiten machen). Wer dem Aufruf zur Abreise nicht folgt, wird durch die Polizei abgeholt. Auf dem Stralsunder Bahnhof wartet andererseits ein Transport ehemaliger sächsischer Großgrundbesitzer auf Unterbringung.

Am 20. November erfolgte die Gründung der Lehrergewerkschaft FDGB (Gruppe Lehrer und Erzieher) in Greifswald. Lehrer Paul Schulz, ein Flüchtling aus Hinterpommern (vormals Rölshof), leitete die Versammlung. Auf der konstituierenden Versammlung am 4. Dezember in der Mädchen - Mittelschule in Greifswald, Knopfstraße, wird Kreisschulrat Renn zum Vorsitzenden, Paul Schulz zum Geschäftsführer und Lehrerin Frl. Stöwsand als Kassenführerin gewählt.

Am 22. November sind die Russen aus der Bäckerei bei Lohrke abgezogen und wurden durch andere ersetzt.

Unser Ofen für die Zentralheizung wird wegen Koks- und Kohlemangels mit nassem Kiefernholz geheizt und geht nach Schulschluss aus. Daher ist die Schule morgens kalt und verräuchert. Erst nach 2 Stunden beginnen die Heizkörper warm zu werden.

Am 23. November haben 3 Schuljungen, Gerhard Münter, (3. Schuljahr), Jürgen Großklaus (2. Schuljahr) und Eike Hartmann (1. Schuljahr) bei der Kiesgrube Helmshagen (Voßberg) mit einer dort gefundenen Handgranate gespielt, die explodiert ist und die Kinder zum Teil schwer verletzt hat. Eike Hartmann ist in der Klinik in Greifswald am 27. November 1945 seinen Verletzungen erlegen.

Am Totenfest, dem 25. November, ist die Kirche oben und unten bis auf den letzten Platz dicht besetzt: „…Seit dem 30 - jährigen Kriege ist das Sterben in Europa, in Deutschland, in unserer engeren Heimat, wohl nie so groß gewesen, wie in dem abgelaufenen Kirchenjahr. Krieg und Seuchen haben die Menschen dahingerafft." In unserem Kirchspiel sind in dem abgelaufenen Kirchenjahr statt sonst durchschnittlich 15 bis 20, jetzt 69 Sterbefälle registriert, an denen die Flüchtlinge einen erheblichen Anteil haben.

Z. Zt. sollen der Kirche zur Erteilung des Religionsunterrichtes keine Schulräume mehr überlassen werden. (Das wurde Mitte Mai 1946 nochmals betont, aber Anfang März 1947 widerrufen.)

Der letzte Gutspächter Laack in Grubenhagen (er starb am 20. Januar 1949 in der Klinik in Greifswald), der bis jetzt noch immer auf dem Felde und in der Wirtschaft mitgearbeitet hat, ist jetzt aus Grubenhagen verwiesen. Er wohnt bei seinem Vater in Greifswald, der vor ihm Grubenhagen gepachtet hatte. Später war er Wirtschafter in Strellin.

Günter Krohn berichtet in der Schule bei der Behandlung des Gedichtes „Goldene Abendsonne" bei dem Vers „Und die Hände heben zum Gebet sich all", dass bei ihnen einmal 5 Kosaken unter einem Baum gestanden und erzählt hätten, und als unsere Betglocke stiess, hätten sie wären der Zeit ihre Mützen abgenommen, sie nach dem Verklingen des letzten Schlages wieder aufgesetzt und weiter erzählt.

Da die jetzige russische Besatzung aus Greifswald bald abziehen wird, kommen in letzter Zeit wieder zahlreiche Requisitionen vor, insbesondere in abseits liegenden Gehöften, Förstereien und Bahnwärterhäusern.

Am 28. November beginnt der Umbau des östlichen Stalles der Schule zu einer Entlausungs - Anstalt für die umwohnende und für die hiesige Bevölkerung. Frauen und Kinder aus Klein Schönwalde sind zur Eröffnung herbestellt.

Der Umbau erfolgte auf Veranlassung der Staatlichen Gesundheitsamtes in Greifswald. Desinfektor ist Herr Badewitz aus Greifswald. Den Raum (16) eignete sich der Bezirksbürgermeister Neumann als Kuhstall an.

Nach dem Umbau gibt es folgende Prozedur: Der zu Entlausende geht durch die Tür (6) in den Entkleidungsraum (7). Von hier aus werden seine Kleidungsstücke usw. durch die Luke (10) in einen weiteren Raum (11) gehängt, in dem die Läuse durch Hitze abgetötet werden, die von dem draußen stehenden Ofen dort hineingeleitet wird. In dem Raum (11) stehen 2 leere Benzinfässer aus Blech, über die ein Lattenrost gelegt ist. Durch eine Tür (8) geht der Patient in den Raum (9) zum Waschen und Baden, dann durch die Tür (13) in den Raum (14), in dem er seine Sachen durch die Luke (12) aus dem Raum (11) holt. Nachdem er sich angekleidet hat, verlässt er den Raum (14) durch eine Tür (15). Die Entlausung wurde erfolgreich durchgeführt!

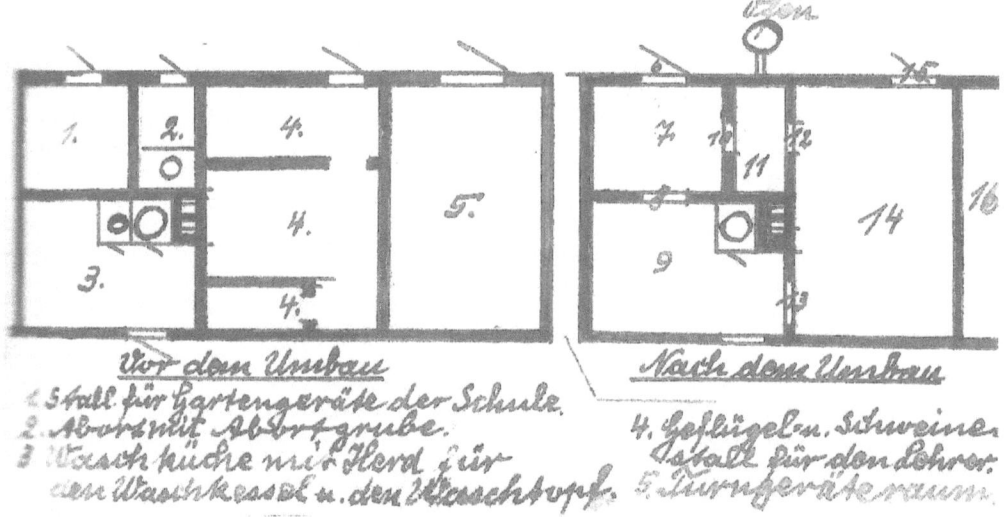

Vor dem Umbau
1 Stall für Gartengeräte der Schule.
2 Abort mit Abortgrube.
3 Waschküche mit Herd für den Waschkessel u. den Waschtopf.

Nach dem Umbau
4. Geflügel- u. Schweine-stall für den Lehrer.
5. Turngeräteraum.

Ab dem 1. Dezember werden zum ersten Mal Rektorstellen auch auf dem Lande eingerichtet.

Am 3. Dezember sind die russischen Soldaten aus dem Werkraum und der Küche der Schule zu Lohrke übergesiedelt. Im Keller wird noch gebadet und Wäsche getrocknet. Das Pestalozzibild in der Schule, das zuletzt im Werkraum hing, hat alle Fährnisse gut überstanden. Von allen übrigen Bildern in der Schule ist nicht eine Spur mehr da. In der russischen Nähstube, z. Zt. bei Großklaus, arbeiten jetzt 15 meist hiesige Frauen an 5 Nähmaschinen.

Mit dem 5. Dezember sind alle russischen Soldaten aus Potthagen weg. Nur in der Försterei wohnt noch ein Oberst. Am 6. Dezember wird die Nähstube von dem zuständigen russischen General inspiziert.

Wir haben wöchentlich dreimal und zwar am Montag, Mittwoch und Freitag eine Post - Verbindung mit Greifswald (Botenpost). Pakete werden nicht befördert.

Am 9. Dezember findet in Greifswald ein „Tag der Jugend" statt, mit Filmvorführung, Fußball - Städtespiel Grimmen gegen Greifswald, Kasperle - Nachmittag, Elternversammlung u. a. Am 12. Dezember erhalten unsere Schulkinder vom 1. bis zum 4. Schuljahr Rechenbücher („Leben und Zahl") und das 2. bis 4. Schuljahr Lesebücher: II. „Kinderlust", III: „Von Gestern und Heute", IV: „Der bunte Kranz" eventuell „Von Tieren und Menschen".

Am 15. Dezember erhält die Schule 100 Zentner Briketts.

Am 17. Dezember geht hier folgende Verfügung ein:

Der kommissarische Schulrat des Landkreises Greifswald

„Greifswald, den 12.12.1945

Herrn Karl Schultz, Weitenhagen

Auf Anordnung der Landesverwaltung Mecklenburg - Vorpommern, Abteilung Kultur und Volksbildung, Schwerin, beauftrage ich Sie hierdurch mit der kommissarischen Verwaltung der Landrektorenstelle mit dem Sitz in Weitenhagen. Zu Ihrem Rektorat gehören die Schulen Diedrichshagen, Groß Schönwalde, Hanshagen und Weitenhagen.

gezeichnet: Renn."

Durch Neueinrichtung von je einer Schule am 1.9.1946 kommen Grubenhagen und Carbow dazu. (Rektoren anstelle der Bezirkslehrer)). Im Landkreis Greifswald werden etwa 22 Rektorate eingerichtet und folgendermaßen besetzt:

Neuenkirchen: Baumann, Klein Zastrow: Spors, Weitenhagen: Schultz, Groß Kiesow: Frau Reimer, Züssow: Franke, Dargezin: Lindow, Gützkow: Lutz, Quilow: Schirmer, Rubkow: Rottschalk, Pinnow - Murchin: Kiesow, Zarnekow: Frau Eichel, Buddenhagen: Frl. Wolf, Kröslin: Frl. Fehlhaber, Wehrland: Riebe, Wolgast - Mädchenschule: Jürchott, - Knabenschule: Peters, - Oberschule: Dr. Lange, Lassan: Karl Gehrke, Latzow: Otto Gehrke, Katzow: Molzahn, Lubmin: zuerst Gramcke, dann Plache, Kemnitz: Gründemann. Außer Peters und Dr. Lange in Wolgast, Riebe (früher Lassan) und Schultz sind sämtliche Rektoren und Rektorinnen des Kreises Umquartierte oder Flüchtlinge, meistens aus Ostpommern.

Mit der Einrichtung der Rektorstellen auf dem Lande ist Landlehrern dieselbe Aufstiegsmöglichkeit gegeben, die bisher nur den Lehrern in den Städten offen stand.

Helmshagen ist wieder voll mit Russen besetzt.

Bis zum 5. Januar 1946 muss die Winterfurche restlos gepflügt sein. Unsere Bauern müssen dabei auch auf den Gütern helfen. Wer nur ein Pferd hat, tut sich mit einem anderen Bauern zusammen. Alle Pferde, die unterwegs angetroffen werden und ohne Erlaubnisschein anderweitig beschäftigt sind, werden an Ort und Stelle ausgespannt und müssen pflügen. Am ersten Weihnachtstag (25. Dezember 1945) mussten unsere Bauern bis Mittag in Helmshagen pflügen.

Die Nähstube der Russen ist in die Försterei verlegt worden.

Weihnachtsferien beginnen am 21. Dezember 1945 und sind bis zum 2. Januar 1946 einschließlich.

Am 22. Dezember ist eine amtliche Rektorenkonferenz in Greifswald. Am 27. bis 29. Dezember 1945 findet auf Anordnung der Landesverwaltung eine Ferienkonferenz in Greifswald statt:

1. Oberregierungsrat Ratke (anstelle des verhinderten Min.- Direktors Mantay): Die demokratische Schule im demokratischen Staat.
2. Rektor Jenssen (Mädchenoberschule): Der Nürnberger Prozess.
3. Rektor Dr. Fritze (Oberschule für Knaben): Erziehung zu klarem Denken und Sprechen.
4. Schulrat Bendt (Grimmen): Der demokratische Lehrer im demokratischen Staat.
5. Lektion: Bodenreform
6. Berichte von Schulräten und Rektoren über ihre bisherige Tätigkeit.

1946

Am 1. Januar 1946 sollen in Ladebow 4000 Russen liegen.

In Helmshagen sind über 100 Pferde.

Am 3. Januar beginnt der Unterricht nach den Weihnachtsferien. Ab sofort ist Russisch vom fünften Schuljahr an Pflicht - Unterrichtsfach in der Schule, wöchentlich 3 Stunden. Wegen Mangels an dafür vorgebildeten Lehrkräften und Lehrbüchern soll Rektor Schirmer in Quilow wöchentlich Lektionen für den russischen Sprachunterricht ausarbeiten, die im Kreis zirkulieren und nach denen die vorhandenen Lehrkräfte den Unterricht erteilen sollen. Die Lektionen sind niemals hier angekommen.

Herr Neumann ist zum Bezirksbürgermeister in Weitenhagen ernannt.

In Weitenhagen wird ein Jugendausschuß gegründet: „Freie Deutsche Jugend" (FDJ). Die Jugend soll lernen und dazu erzogen werden, ihre Freizeit richtig zu gestalten.

Herr Rudolf Österreich in Weitenhagen ist Kreisbeauftragter für die Bodenreform. Er leitet die Aufteilung der Güter und die Verteilung der Siedlerstellen. Im Februar ist er bereits von diesem Amt wieder entbunden worden. Am 6. Januar kommt unser Hauswart der Schule, Karl Gransow, aus englische Gefangenschaft nach Hause. Am 8. Januar tritt Herr Wurch, Flüchtlingslehrer aus Schlawe, bis zuletzt Soldat, als Nachfolger von Herrn Weu die Lehrerstelle in Groß Schönwalde an. Seine Frau und 3 Kinder sind noch bei den Polen in Schlawe.

Auf ein Telegramm der Landesverwaltung Schwerin hin vom 5. Januar, werden alle Lehrkräfte, die Parteigenossen der NSDAP (PG) waren, aus dem Schuldienst entlassen, das sind in unserem Landkreis von 150 Lehrkräften an 79 Schulen etwa 60 Personen, die z. Zt. hier im Dienst sind, also ohne die nicht wieder eingestellten PGs und ohne die Kollegen, die noch in Kriegsgefangenschaft sind.

Zu Weihnachten erhielten in Greifswald alle Professoren, die PG waren, ihren Entlassungsbescheid. Es sollen nur 4 Professoren im Amt geblieben sein. Rektor wurde Professor Dr. Lohmeyer. Ebenso wurden die PG - Lehrer am Gymnasium (Oberschule für Knaben) und an der Oberschule für Mädchen entlassen. Rektoren dortselbst sind jetzt Dr. Fritze (Kn.) und Jenssen (M.). Am 10. Januar scheidet auch an unserer Schule Frl. Anneliese Krüger aus dem Schuldienst aus (PG). Anstelle vierwöchiger Kurse zur Ausbildung neuer Lehrer an der Lehrerausbildungsanstalt (LBA) sind und werden solche von 5, 8 oder 10 Monaten eingerichtet. Ausbildungsleiter ist in Greifswald Herr Schulrat Buchholz. Nach Diedrichshagen, dass keine Lehrkraft hat, kommt am 11. Januar die junge Lehrerin Frau Reefke. In Hanshagen betreut eine Junglehrerin, Frl. Dommer, 170 Kinder. Ab dem 15. Januar ist Frau Reefke nach Hanshagen versetzt. Herr Wurch versieht die Schule in Diedrichshagen mit. Am 15. Januar findet in der Schule eine Pestalozzi - Gedenkfeier statt. Unsere Entlausungs - Anstalt ist noch immer in Betrieb.

Am 19. Januar ist wieder eine Rektorenkonferenz in Greifswald:
1. Die „Berliner Beschlüsse" sollen in der Schule besprochen werden.
2. Gegen Verwahrlosung der Jugend (Schulversäumnis u. a.) ist mit allen Mitteln einzuschreiten.

3. Die Prügelstrafe ist verboten.
4. Die persönlichen Schullasten trägt die Landesverwaltung, die sächlichen der Kreis (Beiträge der Gemeinden).
5. Den Rektoren wird jedes Vierteljahr vom Kreis ein Geldbetrag überwiesen, über den sie für die Schule frei verfügen können (Feuerung, Reinigen und Heizen, Lehr- und Lernmittel, bauliche Instandsetzungen u.a.).
6. Jeder Lehrer soll ein Stück Dienstland haben, um dadurch unabhängig zu werden.
7. Die Auswahl der wieder einzustellenden PG - Lehrer durch die Landesregierung Schwerin wird 6 bis 8 Wochen dauern. (Bis Ende 1946 sind im Kreis ca. 6 wiedereingestellt.)
8. In jeder Schule soll ein Schulausschuss gebildet werden, analog den Elternbeiräten vor 1933.
9. Bei jedem Rektor sind 2, bei jedem Bezirksschulrat 3, beim Kreisschulrat 4 Betriebsräte einzusetzen.
10. Es ist für Schulschmuck zu sorgen.
11. In jeder Schule ist eine Zeitungsausschnittsammlung anzulegen.
12. Ein Teil der entlassenen Lehrer hat eine Arbeitsgemeinschaft gebildet, um ihren Wiederaufbauwillen unter Beweis zu stellen: In einem Raum der Ernst - Moritz - Arndt - Schule in Greifswald fertigen sie Lehrmittel und Schulschmuck an, die von den Schulen dort gekauft werden können. Die Einkünfte werden zur Beschaffung von Arbeitsmaterial verwendet.
13. Alle Lehrer gehören jetzt der Allgemeinen Ortskrankenkasse für den Stadt- und Landkreis Greifswald an, der späteren Sozialversicherungskasse, an die außer den Krankenkassenbeiträgen auch die Sozialversicherungsbeiträge gezahlt werden, insgesamt 20 % des Bruttogehaltes und zwar 10% durch den Kreis (Arbeitgeber) und 10 % durch den Lehrer (Arbeitnehmer).

Das Kreisbildamt ist in Greifswald im Rathaus, Zimmer 46, untergebracht. Es versorgt die Schulen leihweise mit Lichtbildapparaten und Lichtbildern (Filmen), soweit sie zugelassen sind.

Der Nürnberger Prozess soll in den Schulen und auf Versammlungen ausführlich besprochen werden (Aburteilung der nächsten Mitarbeiter Hitlers).

Vom 12. Januar an hospitiert die Flüchtlingsfrau Elfriede Wendt zwecks Ausbildung zur Junglehrerin an unserer Schule, wird aber am 21. Januar wegen Interessenlosigkeit schon wieder entlassen.

Am 20. Januar wird es im Dorf wieder unruhig. Die russischen Soldaten rüsten zum Abzug. Die Bäckerei bei Lohrke liegt z. Zt. still. Bis zum 1. April hat unsere Großgemeinde noch 8000 Kilogramm Rindfleisch und 5000 Kilogramm Schweinefleisch abzuliefern.

Ab dem 31. Januar wird das Waldstück zwischen Försterei und Kleinbahnhof kahl geholzt, die Kiefernstämme werden als Reparationslieferungen nach Greifswald gefahren, dort zu dicken Planken geschnitten und von Frauen auf Eisenbahnwagen verladen. Zur Abfuhr wurden unsere Bauern und solche aus der weiteren Umgegend eingesetzt. Das Waldstück an der Schule entlang bis zum Langen Berg ist an Bauern aufgeteilt worden (Siedlungswald).

Laut Verfügung vom 1. Februar 1946 haben alle Personen über 16 Jahre, auch Lehrer, stets etwa ein Eßlöffel voll Entlausungspulver bei sich zu führen, um sich gegen unvermutete Übertragung von Läusen schützen zu können. Die Schulkinder sollen täglich vor Beginn des Unterrichts durch die Lehrkräfte auf Läusefreiheit untersucht werden.

Am 1. Februar tritt Studienassessorin Frau Hildegard Dietrich, geborene Schultz, ihren Dienst an unserer Schule an.

Den ganzen Februar hindurch werden in zunehmendem Maße wieder Diebstähle an Vieh, Kleidung, Wäsche u. a. bekannt.

Ab dem 8. Februar gilt: Der Lehrer hat sich zu jeder Unterrichtstunde schriftlich in folgender Form vorzubereiten.:
1. Ein geschlossenes Stoffgebiet ist nach Unterrichtstunden aufzuteilen.
2. Die geplante Arbeit jeder Unterrichtsstunde ist in Leitsätzen festzuhalten.
3. Für die Aufzeichnung zu 1.) und 2.) ist ein besonderes Heft anzulegen, dass bei Kontrollen jeder Art griffbereit ist.
4. Nach jeder Unterrichtsstunde (bisher am Schluss jeder Woche) ist der Unterrichtsstoff in einem Lehrbericht niederzulegen und vom Lehrer abzuzeichnen.
5. Der Schulleiter prüft wöchentlich die Lehrerberichte und vermerkt die Prüfung durch namentliche Abzeichnung.

Am 15. Februar1946 ist die Eröffnungsfeier der Universität Greifswald. Der Platz des Rektors, Professor Dr. Lohmayer ist leer, da er kurz vorher von der GPU (russische Polizei) abgeführt worden ist. Rektor wird später Professor Dr. Seeliger.

Am 28. Februar erhalten wir den neuen Geschichtslehrplan, Teil 1. Geschichtsunterricht darf jedoch erst von Lehrern erteilt werden, die nach

Teilnahme an einem in Aussicht gestellten entsprechenden Lehrgang die ausdrückliche schriftliche behördliche Genehmigung erhalten haben.

Wir bekommen am 5. März in Greifswald weitere Lesebücher für das 2. und Rechenbücher für das 6. Schuljahr („Leben und Zahl") sowie Feldpostbriefbogen zum Schreiben für die Kinder.

Seit dem 1. März ist das Postporto (außer für Postanweisungen und Zahlkarten) auf das Doppelte erhöht worden. Für einen gewöhnlichen Brief von 12 auf 24 Reichspfennig (Rpf). Die Eisenbahnfahrpreise sind schon seit Weihnachten in derselben Weise erhöht.

In der Nacht vom 8. zum 9. März müssen unsere Einwohner, meistens Frauen, auf der Gützkower Landstraße Schnee schippen, ebenso Sonnabend / Sonntag, 9./10. März abends 9 Uhr, Sonntag Nachmittag 2 Uhr und Montag, damit die Chaussee für die Langholzfuhrwerke passierbar wird.

Im Dorf wird an manchen Stellen (auch von Flüchtlingen), z. B. in der Schule in der Waschküche, aus Zuckerrüben Schnaps gebrannt und dafür von den russischen Soldaten allerlei eingetauscht: Lebensmittel, unter Umständen sogar Pferd und Wagen.

Am 12. März zieht die Flüchtlingsfrau Lenz mit ihren 5 Kindern aus dem kleinen Zimmer auf dem Schulboden zu ihrer Schwester nach Rügen. Das Zimmer hat unter Feuchtigkeit sehr gelitten. Es ist wohl nie gelüftet worden.

Am 14. März wohnen hier jetzt nur noch 3 Russen an der Trift, die den Holzschlag und alle Abfuhr überwachen, ferner die Bäcker bei Lohrke. Seit dem 5. März sind die Russen aus Guest abgezogen, das Pferdelazarett ist aufgelöst.

Dienstanweisung für Rektoren vom 15.3.1946:

1. Der Rektor hat in jeder Hinsicht Vorbild zu sein und die ihm unterstellten Lehrkräfte zu guter Kollegialität und zu aktiven Bürgern der deutschen Demokratie zu erziehen.

2. Die besondere Aufgabe des Rektors ist die pädagogische und politische Betreuung und Überwachung der Lehrkräfte. Er besucht mindestens einmal im Monat die ihm unterstellten Schulen und beurteilt zum Vierteljahresschluss in einem Bericht an die vorgesetzte Dienststelle die pädagogische Arbeit und das politische und persönliche Verhalten der Lehrkräfte sowie deren Tätigkeit als Kulturträger des Ortes. Insbesondere nimmt er sich der Schulhelfer an und sorgt für deren pädagogische Anleitung und Ausbildung. Für die pädagogische Förderung der ausgebildeten Lehrkräfte soll er Sorge tragen.

3. Der Rektor hält Konferenzen ab, zu denen alle Lehrkräfte zu erscheinen haben. Die fehlenden Lehrkräfte sind namentlich aufzuführen. Es ist ein pädagogisches und ein politisches Thema zu behandeln. Über jede Konferenz ist ein Protokoll zu führen. Die Leitsätze der Arbeiten sind dem Protokoll beizufügen. Besonders gute Referate sind dem Kreisschulrat in Ausarbeitung vorzulegen, damit sie für die Kreiskonferenzen ausgewertet werden können. Zeit und Ort der Konferenzen sind dem Bezirksschulrat rechtzeitig zu melden, damit er daran teilnehmen kann.

4. Der Rektor ist Vorgesetzter der Lehrkräfte. Über etwaige Verfehlungen derselben hat er Meldung zu erstatten. Er kann Urlaub bis zu 3 Tagen erteilen, sich selbst für einen Tag beurlauben, hat aber unverzüglich von allen Beurlaubungen dem Bezirksschulrat Mitteilung zu machen. Wenn Lehrkräfte von vorgesetzten Dienststellen eine Vorladung mit dem Vermerk erhalten „Urlaub ist erteilt", so ist eine besondere Beurlaubung durch den Rektor nicht erforderlich. Die Lehrkraft hat aber von der Regelung der Vertretung oder dem Ausfall des Unterrichts dem Rektor sofort Mitteilung zu machen.

5. Terminmäßige Meldungen sind von dem Rektor als Zusammenstellung direkt an den Kreisschulrat, die Einzelmeldungen der Lehrkräfte aber an den Bezirksschulrat zu senden.

6. Der Rektor verwaltet die Haushaltmittel der ihm unterstellten Schulen. Er ist neben der Lehrkraft verantwortlich für den Zustand und die Betriebssicherheit der Schulhäuser, die Einrichtung der Klassenräume, die Anschaffung und Unterhaltung des Schuleninventars, die Eintragung ins Inventarverzeichnis und die rechtzeitige Beschaffung der Heizung. Rechnungen bescheinigt er als „sachlich richtig" und begleicht sie aus den ihm zur Verfügung gestellten Dispositionsgeldern. Am Schluss des Vierteljahres hat er unter Einreichung der Belege abzurechnen. Zu seiner Unterstützung in dieser Verwaltungsarbeit soll er die Schulkommission heranziehen.

7. Wird dem Rektor vom Landrat, Abteilung Kultur und Volksbildung, das Kulturdezernat für seinen Bezirk übertragen, so übernimmt er die Pflege und Kontrolle aller Arbeiten auf diesem Gebiet, dazu gehören auch der Jugend- und Frauenausschuß. Er kann die Lehrkräfte in den einzelnen Orten zur Mitarbeit heranziehen.

8. Um Zeit für diese Aufgaben zu haben, gibt der Rektor, wenn möglich, 18 Stunden wöchentlich (später auf 12 Stunden herabgesetzt). Diese sind planmäßig festzulegen und innezuhalten. Es muss aber von ihm erwartet werden, dass er im Bedarfsfalle sich für Vertretungen zur Verfügung stellt.
Greifswald, den 15.3.1946
der Kreisschulrat
gezeichnet: Renn

Am 30. März werden 14 Kinder, 8 Knaben und 6 Mädchen, aus der Schule entlassen. Nur diese erhalten Zeugnisse. Versetzungen finden nicht statt. Am 1. September, mit Beginn des neuen Schuljahres, werden die Kinder, die bis zum 31. Mai dieses Jahres 6 Jahre alt wurden, aufgenommen. Bis dahin erhalten nur die jetzt noch verbleibenden Schulkinder Unterricht. Am Abend des 30. März veranstaltete unsere schulentlassene Jugend im Rahmen der Weltjugendwoche (Kulturwoche) einen Elternabend. Das Schulzimmer war brechend voll. Auch russische Soldaten waren erschienen. Da von 19.30 Uhr bis 21.30 Uhr die elektrische Lichtleitung ausgeschaltet war, brannten an der Decke der Bühne 3 Stalllaternen, Brennstoff war Benzin mit etwas Salz.
In Helmshagen sind seit längerer Zeit wieder viele Russen und Pferde. Sie ziehen zum größten Teil Anfang April wieder ab und werden durch andere abgelöst.
Die Waldarbeiter arbeiten an einem Kahlschlag zwischen dem Behrenhöfer Weg und dem Heuschuppen.
Ab dem 3. April geht es mit Hochdruck, unter Kontrolle eines russischen Oberleutnants, an die Ackerbestellung. Die Bauern müssen jeden Abend auf dem Gemeindebüro melden, was sie geschafft haben. Bis zum 25. April sollen die Frühkartoffeln in der Erde sein. Nicht beschäftigte Frauen, auch Greifswalder Frauen und Männer, die für Außenarbeit in Frage kommen, müssen den Panzergraben bei Greifswald zuschippen, um weiteres Ackerland zu gewinnen.
Osterferien sind vom 13. bis 25. April einschließlich.
In der Nacht vom 14. Zum 15. April beginnt wieder die Sommerzeit. Die Uhren werden eine Stunde vorgestellt.
Am 14. April (Palmsonntag) werden 16 Knaben und 8 Mädchen konfirmiert und der 30. April ist der Jahrestag des Einmarsches der Roten Armee in Weitenhagen. Frau Hausch, eine Flüchtlingsfrau aus Lodz, z. Zt. wohnhaft bei Frau Pabst in Potthagen, erteilt am 30. April an unserer Schule die erste Stunde des russischen Sprachunterrichtes. Sie ist von dem Chefdolmetscher in Greifswald auf ihre

Sprachkenntnisse hin geprüft und daraufhin vom Kreisschulrat mit der Erteilung des russischen Sprachunterrichtes beauftragt worden. Frau Hausch ist eine Schwester der Frau des Bruders von dem Gutspächter Lange in Stahlbrode und des Bruders von Frau Pabst.

Der 1. Mai ist gesetzlicher Feiertag. Die Häuser sind beflaggt und die Straßen mit Girlanden geschmückt.

In der Nacht zum 5. Mai brennt die Scheune von Franz Krohn, Weitenhagen, ab (Wirtschafter: Schauer). Alles Vieh ist mit verbrannt, aber bald wieder ersetzt worden. Der günstigen Windrichtung (Südost) ist es zu verdanken, dass die Nachbargebäude verschont blieben.

Am 6. Mai zieht die Flüchtlingsfrau Lembke aus dem Lehrerhaus Ost nach Helmshagen, wo sie gesiedelt hat. Der Landwirt Kutzner baut im Laufe des Jahres eine Scheune auf seinem Hausgrundstück in Potthagen für seine Helmshagener Siedlung. Im Dorf wird es des Nachts wieder unruhig.

Zum 14. Mai räumt Frau Popp das südwestliche Zimmer im Lehrerhaus Ost und zieht zu Zander.

Am 15. Mai tritt die Lehrerin Anni Schultz ihren Dienst in Hanshagen an, wohin sie versetzt worden ist. Herr Gerhard Stark beginnt seinen Unterricht an unserer Schule (1. und 2. Schuljahr).

Ein Teil der Russen ist dabei abzuziehen, aber die Bäcker sind noch hier.

Am 21. Mai werden in dem Bodenzimmer unserer Schule die beschlagnahmten Zentrifugen sichergestellt, damit die Bauern nicht buttern sollen, weil sie das Milchablieferungssoll nicht erfüllt haben. Butter ist ein sehr gesuchtes Tauschobjekt. Die Helmshagener Russen sind wieder abgezogen.

Laut Anordnung der Landesverwaltung vom 22. Mai dürfen Schulräume nicht zur Erteilung von Religions- oder Weltanschauungsunterricht zur Verfügung gestellt werden.

Am 23. Mai wird Frau Dietrich durch Verfügung des Landrates vom 20.5.1946, Abteilung Kultur und Volksbildung, für den Jugendamtsausschuß als Vertreterin der Schule berufen.

Am 24. Mai starb in Greifswald Superintendent Tiedke, ehemals in Weitenhagen tätig.

Seit Mai 1946 werden pro Schulkind monatlich 10 Rfg (Reichspfennig) Lehrmittelbeiträge erhoben und an das Kreisbildamt abgeführt, letztmalig im Juni 1947. Ebenfalls seit Mai 1946 werden von den Schulen den ganzen Sommer hindurch Heilkräuter gesammelt. 1947 sind als Soll für jedes Kind vorgeschrieben:

monatlich 2 kg Frischgut oder 400 Gramm Trockengut; das sind für unsere Schule (167 Kinder in 6 Monaten) rund 2 Tonnen, gleich 40 Zentner Frischgut oder 400 kg gleich 8 Zentner Trockengut. Ebenso sollen Altstoffe gesammelt werden. Die Schulen werden zum Absuchen der Kartoffelfelder nach Kartoffelkäfern und Kartoffelkäferlarven eingesetzt, da jetzt auch unser Kreis gefährdet ist. Hier wurden aber keine gefunden.

24. Mai: Die 16 russischen Bäcker sind wohl hier vergessen worden. Sie haben schon längere Zeit weder Geld noch Verpflegung erhalten. Ihre Truppe ist abgezogen. In diesen Tagen backen sie bei Hertzfeldt.

Im Süden Greifswalds werden nochmals Straßenzüge geräumt zur Unterbringung anrückender russischer Truppen. Ende Mai beginnt wieder das Langholzfahren, und zwar aus Jagen 119 an der Guester Grenze, dem besten Kiefernbestand unseres Waldes. In Helmshagen sind vor kurzem Russen mit einer großen Rinderherde eingezogen.

Am 5. Juni hospitieren 53 Schüler der Lehrerbildungsanstalt (LBA) Greifswald mit ihrem Lehrer, Herrn Nisolk, an unserer Schule. Sie wollen vom 19. Juni an, am Mittwoch jeder Woche, hier Lektionen (Lehrproben) halten. Pfingstferien sind vom 8. bis zum 12. Juni einschließlich.

In der letzten Woche sind russische Panzertruppen in Greifswald eingezogen, das jetzt wieder stark besetzt ist. In den letzten Tagen wurden in unserer Gemeinde noch wieder Flüchtlinge untergebracht, die sich so lange in Stettin aufgehalten haben. Am 11. Juni ziehen die russischen Bäcker und der Arzt bei Hagemann (Post) ab. Der Arzt war als Ortskommandant für uns ein guter Schutz in unruhigen Zeiten, die jetzt wieder auf längere Dauer in verstärktem Maße einsetzen. Herr Effland wird, jetzt zum zweiten Mal, von 2 russischen Offizieren per Motorrad abgeholt. In der Umgegend hört man in diesen Tagen dauernd Detonationen, von Sprengungen herrührend. Vom 6. Bis zum 16. Juni werden die Schulkinder des 5. bis 8. Schuljahres zur Unkrautvertilgung und zum Wruken - Pflanzen eingesetzt, in Koitenhagen, Groß Schönwalde, Grubenhagen, Guest.

Am 19. Juni beginnen die Greifswalder Lehrer - Studenten hier ihre Lektionen, die im 1. und 2. Schuljahr von Herrn Nisolk, im 3. und 4. Schuljahr vom Schulleiter geleitet, besprochen und beurteilt werden.

Drei noch auf dem Schulhof liegende Autowracks werden am 20. Juni nach Greifswald abgeholt.

Am 3. Juli spricht Ministerialdirektor Manthey (Schwerin) im Stadttheater Greifswald zu der Lehrerschaft über die Einheitsschule, ebenso am Nachmittag noch einmal im großen Sitzungssaal des Rathauses zu den Rektoren der Stadt und des Landkreises.

Anfang Juli wurde das Landratsamt mit dem Kreisschulamt aus der Steinstraße 61 in die alte Kaserne verlegt (Anklamer Straße). Am 13. Juli ist das Ende des Schuljahres mit der Zeugnisverteilung. In feierlicher Form wird damit die alte Schulepoche abgeschlossen. Die alte (Standes-) Schule wird durch die Einheitsschule abgelöst.

Am Abend des 13.7.1946 findet in unserer Schule eine Elternversammlung statt, auf der der Schulleiter über die Einheitsschule spricht. In der Besprechung treten Bedenken dagegen nicht zu Tage. Die Schulkinder singen einige Lieder.

Am 17.Juli sprechen auf einer Lehrerversammlung in der Aula des Gymnasiums in Greifswald Stadtschulrat Burwitz, Oberschulrektor Fritze und Berufschulrektor Kammerhof über die Demokratisierung ihrer Schulen, worauf der russische Schulinspektor Machnow durch seinen Dolmetscher noch einige verbindliche Worte an die Lehrerschaft richtete. In Russland ist der Lehrer der angesehenste Mann im Ort. Auch bei uns soll der Lehrer aus der Masse heraus gehoben werden, in Bezug auf Gehalt, Wohnung, Kleidung und sonstige Lebenshaltung.

Die „Neue Zeit" vom 18. Juli 1946 schreibt zur Gründung von Pädagogischen Fakultäten:

„Der Oberste Chef der Sowjetischen Militärverwaltung in Deutschland hat einen Befehl über die Gründung von Pädagogischen Fakultäten an den Universitäten in der sowjetischen Besatzungszone erlassen, an denen die Lehrtätigkeit aufgenommen ist. Die gegründeten Pädagogischen Fakultäten werden aus demokratischen Schichten der deutschen Bevölkerung qualifizierte Lehrer für die Einheitsschule vorbereiten, die den begonnenen demokratischen Umbau der deutschen Schule durchführen sollen. Die Studienzeit an den Pädagogischen Fakultäten ist auf 3 Jahre festgelegt.

Um den Kindern von Arbeitern, Bauern und anderen minderbemittelten Schichten des deutschen Volkes die Möglichkeit einer pädagogischen Bildung zu geben, ist an den Pädagogischen Fakultäten kostenfreies Studium eingeführt. Außerdem werden 75% der Studenten mit Stipendien folgender Ausmaße versehen:

im ersten Studienjahr 100 Reichsmark im Monat, im zweiten Studienjahr 120 Reichsmark im Monat, im dritten Studienjahr 140 Reichsmark im Monat. Stipendien für den ersten Kurses erhalten Studenten, die das Aufnahmeexamen erfolgreich bestanden, im zweiten und dritten Kursus diejenigen, die die besten

Versetzungsexamen ablegen. Die Studien an den Pädagogischen Fakultäten beginnen mit dem ersten Semester 1946/47 des Unterrichtsjahres."

Ende Juli 1946 wurde der Oberbürgermeister von Greifswald (Hoffmann) Professor der Pädagogischen Fakultät.

(Im Jahre 1947 ist an der Universität Greifswald auch eine Landwirtschaftliche Fakultät eingerichtet worden.)

Mit dem 10. August 1946 wird der Kreis Greifswald in 6 Bezirke eingeteilt: Wolgast, Lassan, Gützkow, Züssow, Kemnitz und Landhagen mit je einem Bezirksbürgermeister. Die Großgemeinden werden aufgeteilt. Die nunmehrigen Gemeinden Weitenhagen mit Potthagen und Klein Schönwalde, ferner Dietrichshagen mit Guest sowie Helmshagen mit Grubenhagen und Groß Schönwalde mit Koitenhagen, und Neuenkirchen und Umgebung gehören zum Bezirk Landhagen. Der Bezirksbürgermeister Bendfeldt, ein Flüchtling in Levenhagen, hat sein Büro in Greifswald, Domstraße 58, eine Treppe (Rubenow - Restaurant) und untersteht direkt dem Landrat. Jeder Gemeinde steht ehrenamtlich ein Gemeindevorsteher vor, der eine Aufwandsentschädigung zur Einstellung einer Schreibhilfe erhält. Für alle Gemeinden ist die Bezirksbürgermeisterei die zentrale Verwaltungsstelle. Die Bezirksbürgermeistereien sollen zum 1.10.1947 wieder aufgehoben werden, so dass von diesem Tage an die Gemeindevorsteher direkt dem Landrat (Frehse, Greifswald) unterstehen.

Am Mittwoch, dem 14. August, begann im Deutschen Theater in Berlin der von der deutschen Verwaltung für Volksbildung in der sowjetischen Besatzungszone einberufene Pädagogische Kongress mit 1.000 Delegierten, darunter 2 aus dem Landkreis Greifswald (Kreisschulrat Renn, Greifswald und Rektorin Frau Reimer, Groß Kiesow). Oberst Tulpanow der sowjetischen Militäradministration (SMA) hielt nach den Begrüssungsansprachen eine längere Rede, die in der Nummer 189 (386) vom 16.8.1946 der „Täglichen Rundschau" abgedruckt ist.

Nach einer am 15. August eingegangenen Aufstellung des Kreisschulrates werden unsere Schulen ab dem 2. September 1946 (Beginn des neuen Schuljahres nach den Sommerferien mit der Einheitsschule) nach folgenden Kriterien organisiert: Ort, Schülerzahlen, Schulräume, Schuljahre (Klassen), Anzahl der Lehrer. (Dazu gibt es eine tabellarische Vorgabe.)

Am 16. August, 5 Uhr früh, läutete die Kirchenglocke wieder Sturm (Lorke, Rudolph Passow), warum, ist nicht bekannt.

Unsere Postsachen werden Montag, Mittwoch und Freitag durch unseren Postboten Gerhard Uecker (bzw. Schult) per Rad von Greifswald abgeholt und denselben oder den folgenden Tag ausgetragen.

Auf Grund einer Verordnung vom 20. August dürfen Bauern, sobald sie ihr Ablieferungssoll erfüllt haben, Milch, das Liter für 0, 60 RM, und Butter, das kg für 10 RM auf dem freien Markt verkaufen. Auf Lebensmittelkarten kostet ein Liter Vollmilch 0,20 RM bzw. 1 kg Butter 3,60 RM. In der vergangenen Nacht ist Labahn sein letztes Schaf aus dem Stall losgeworden.

Herr Stark nimmt seit dem 19. August an einem 12 - tägigen Lehrgang in der bisherigen Jugendherberge in Lubmin teil. Am 22. August besucht Herr Kreisschulrat Renn unsere Schule und fährt mit dem Fahrrad weiter nach Grubenhagen, um sich dort nach einem Schul- und einem Wohnraum für die dort einzurichtende Schule und einen Lehrer umzusehen.

Am 30. August erfolgte die feierliche Verpflichtung der Junglehrer im Stadttheater in Greifswald. Auf einer Rektorenkonferenz im Dienstzimmer des Kreisschulrates in Greifswald am 31. August erhielt die Einheitsschule ihren letzten Schliff. Es werden Schulsysteme gebildet um zentral gelegene Orte, die in der Regel das 5. bis 8. Schuljahr der umliegenden Schulen aufnehmen. Die Schule in Grubenhagen (mit Helmshagen) wird wiedereröffnet. Dort werden die ersten 4 Schuljahre unterrichtet, während das 5. bis 8. Schuljahr weiterhin in Weitenhagen bleiben. Diedrichshagen schickt das 5. bis 8. Schuljahr nach Groß Schönwalde. Carbow erhält für die ersten 4 Schuljahre eine eigene Schule, die größeren Kinder gehen nach Hanshagen, wo statt bisher 3, ab dem 2. September1946, 7 Lehrkräfte vorgesehen sind. Im Kreis werden circa 90 neue Lehrkräfte mit 4 bis 11 monatiger Ausbildung eingestellt.

Am 31. August kommt Frau Wurch mit ihren 3 Kindern über die englische Zone aus Ostpommern, wo sie so lange von den Polen festgehalten wurden, im Schulhause Groß Schönwalde an. Ab dem 1. September wird Lehrerin Anna Schultz von Hanshagen nach Weitenhagen zurückversetzt.

Beginn des Unterrichtes im Rahmen der Einheitsschule ist der 2. September. Es wird nach einer vorläufigen Stundentafel unterrichtet; maßgebend sind jedoch neue Lehrpläne für die Grund- und Oberschulen, die sich im Druck befinden. Vom fünften Schuljahr an ist die erste, vom siebten Schuljahr an die zweite Fremdsprache Pflicht. Zugelassen sind ab der 7. Klasse 3 Wahlfächer mit den Kursen: A) alte Sprachen, B) neue Fremdsprachen, C) Mathematik und Naturwissenschaften.

Herr Klemm tritt am 2. September hier seine Arbeit an, so dass wir jetzt 5 Lehrkräfte sind.

Am 2. September ist Schulbeginn um 8 Uhr. Um 11 Uhr ist die feierliche Aufnahme und Eröffnung des 1. Schuljahres durch eine Ansprache des Rektors an die Eltern. Klasse und Lehrertisch sind mit Grün und Blumen geschmückt. Aufgenommen Werden 23 Knaben und 18 Mädchen. In diesen Zahlen sind enthalten: 1 Knabe und 3 Mädchen aus Grubenhagen und 2 Knaben und 4 Mädchen aus Helmshagen, das sind 10 Kinder für die Schule in Grubenhagen.

Ein Trecker aus Grubenhagen holt auf einem Plattenwagen mit Gummirädern alte und behelfsmäßig zusammen genagelte Schultische und Bänke aus unserer Schule, da in dem für den dort zum Unterricht vorgesehenen Raum im Gutshause noch alles fehlt. Am 3. September beginnt Frl. Liselotte Meyer dort den Unterricht mit den 4 ersten Schuljahren. Als Wohnraum ist ihr ein nicht beheizbares Zimmer bei dem Siedler Ernst Schmidt in dem früheren Schulhaus zur Verfügung gestellt. Mittag bekommt sie bei dem Siedler Plath im Gutshause, der auch die Schultische geholt hat. 2 Kinder der ersten Schuljahre vom Waldgut Helmshagen kommen nach Weitenhagen in die Schule. (Das Waldgut Helmshagen, das sind 2 Häuser gleich hinter dem Grenzgraben bei Potthagen am Damm.)

Am 5. September bezieht Herr Klemm in dem Lehrerwohnhaus Ost die beiden östlichen Zimmer mit Küche und versetzt später die große Glastür hinter die beiden Stuben bei den Stubentüren nach der Treppe zu. Dadurch schließt er seine Wohnung gegen die beiden anderen Wohnungen in dem Hause ab. In dem Haus wohnen jetzt: Stark: unten Südwest-, oben Südost Zimmer; Fr. Dietrich: oben Südwest- und Nordzimmer. Frau Effland zieht nach Greifswald. Herr Effland hatte auf seinem von ihm hergerichteten Ackerstück auf dem Schulplatz östlich seines Wohngrundstückes 14 Zwergobstbäume und 10 Stachelbeer- und Johannisbeersträucher angepflanzt, dafür werden Frau Effland 53 RM aus dem Rektoratsfonds gezahlt.

Im östlichen Wohnzimmer des Lehrerwohnhauses West wird die Wand für eine Tür nach dem Flur durchgebrochen, da dieser Raum als viertes Schulzimmer benutzt werden soll.

Am 7. September ist Erntefest. Es gibt einen Umzug durch das Dorf mit ca. 8 geschmückten Erntewagen, die mit Kindern besetzt sind, unter Begleitung von Reitern und einer langen Reihe von Fußgängern. Landwirt Walter Rakow erhielt vom Bezirksbürgermeister im Auftrage des Landrates die Erntekrone als Auszeichnung für die beste Leistung in der Landwirtschaft. Bei Großklaus („Zum

Sölkensee") erhielten die Kinder Kaffee und Kuchen, wärend die Musik spielte. Am Abend war für die Erwachsenen dortselbst Tanz.

Die Getreideernte wird durch andauerndes Regenwetter von Ende Juli bis Ende September erschwert. Die Roggenmieten sind bis auf den Grund durchgeweicht und ausgewachsen. Das Einfahren des Sommergetreides ist auf Stunden beschränkt. Vom 25. September bis zum 3. Oktober haben wir schöne warme Tage zur Kartoffelernte, dann setzt wieder kaltes regnerisches Wetter ein. Vom 9. Oktober an ist wieder schönes, sonniges Wetter.

Am 15. September sind Wahlen der Gemeindevertretungen. Hier sind abgegeben: 193 Stimmen CDU, 205 Stimmen SED, ca. 12 Stimmen ungültig. Damit gehören unserer Gemeindevertretung an: 6 Mitglieder der CDU: Scheidel, Frau Lotte Martens geb. Baumann aus Potthagen, Willi Zander jr., Adolf Dwars, Frau Gerda Hacker geb. Voigt aus Weitenhagen, Schwerin aus Klein Schönwalde, und 6 Mitglieder der SED: Kluczik, Rudi Passow aus Potthagen, Karl Uecker, Frau Frieda Paul geb. Haak, Wegner, Straßburg (die beiden letzteren sind Flüchtlinge), aus Weitenhagen. Der SED gehört auch unser Bezirksbürgermeister Neumann an.

Am 16. September tritt Herr Wolfgang Jürgens seinen Dienst an unserer Schule an. Damit ist unser Lehrkörper auf 6 Lehrkräfte angewachsen. Am 17. September meldet sich Frl. Dorothea Ursula Bigalk zum Dienstantritt in der Schule Groß Schönwalde.

Am 19. September ist eine Lehrer- Rektoratskonferenz in Weitenhagen im Zeichen der Einheitsschule:

1. Richtlinien für den Geschichtsunterricht (Stark)
2. Die deutsche Frage auf der Außenministerkonferenz in Paris (Wurch, Groß Schönwalde; Warstat, Diedrichshagen).

Die russischen Panzertruppen aus Greifswald halten hier bis in den Oktober hinein Felddienstübungen ab.

Der Maler ist seit Wochen mit der Instandsetzung der Wohnräume in den Lehrerwohnhäusern beschäftigt. In den meisten Räumen müssen die zerrissenen Tapeten entfernt und die Wände mit Leimfarbe gestrichen werden, bei der Roggenschrot den Leim ersetzt, das aus der Gemeinde gespendet oder von den Schulkindern mitgebracht wird.

Am 18. und 19. September fand in Greifswald eine Arbeitstagung der Lehrkörper der Pädagogischen Fakultäten der Universitäten Rostock und Greifswald statt. Die Bedeutung dieser Tagung wurde gekennzeichnet durch die Anwesenheit der Vertreter der SMA Karlshorst und Schwerin, des Ministerialdirektors Manthey und des Oberregierungsrates Müller von der Landesverwaltung Schwerin, der Rektoren der beiden Greifswalder und Rostocker Universitäten, des Oberbürgermeisters Hoffmann der Stadt Greifswald, des Kulturdezernenten und vieler Mitglieder der Philosophischen Fakultät.

Der Dekan der Pädagogischen Fakultät, Dr. Struck, Greifswald, begrüßte die Erschienenen und wies darauf hin, dass es nun zum ersten Mal in der Geschichte der Lehrerbildung eine eigene Fakultät für dieses Gebiet gibt. Man habe in der Vergangenheit zwar den Versuch gemacht, die Aufgaben dieser neuen Fakultät der Philosophischen Fakultät anzugliedern, aber der Stoff war so vielfältig, dass er sich nicht einordnen ließ, und so schuf man jetzt die Pädagogische Fakultät, der es nun obliegt, den Rahmen, den man ihr gegeben hat, auszufüllen.

Am 20. September ist eine Recktorenkonferenz im Amtszimmer des Kreisschulrates im Landratsamt (alte Kaserne, Greifswald). Rektoren im Kreis Greifswald sind z. Zt.:

Frl. Fehlhaber: Kröslin, Franke: Züssow, Frl. Wolf: Buddenhagen, Jürchott: Wolgast (Mädchen), Peters: Wolgast (Knaben), Dr. Lange: Wolgast (Oberschule), Molzahn: Katzow, Gründemann: Kemnitz, Baumann: Neuenkirchen, Otto Gehrke: Latzow, Karl Gehrke: Lassan, Lutz: Gützkow, Frau Reimer: Groß Kiesow, Frau Eichel: Zarnekow, Schirmer: Quilow, Rottschalk: Rubkow, Werner: Murchin (sein Nachfolger: Kiesow), Riebe: Wehrland, Plache: Lubmin, Spors: Klein Zastrow, Lindow: Dargezin, Schultz: Weitenhagen.

Den Aufsichtsbezirk von Schulrat Martens in Wolgast, der als Professor an die Universität Greifswald berufen ist, verwalten Schulrat Möller, Lubmin (nördlich der Bahnlinie) und Schulrat Block (südlich der Bahnlinie Züssow - Anklam) mit.

Am 21. September wird Herr Rudolf Österreich von der Gemeindevertretung zum Gemeindevorsteher von Weitenhagen (mit Potthagen und Klein Schönwalde) gewählt. Er tritt sein Amt am 1. Oktober 1946 an. Gemeindevorsteher sind für die Gemeinden Groß Schönwalde: Valentin sen. (Johann); Dietrichshagen: Olthoff; Helmshagen: Wollschläger.

Am 28. September erhalten die Eltern für die 1946 neu eingeschulten Kinder eine extra Zuteilung an Backware und Bonbons ohne Abgabe von Lebensmittelkartenabschnitten.

Seit dem 1. Oktober 1946 erteilt der Rektor wöchentlich 12 Unterrichtsstunden statt bisher 18.

Am 8. Oktober werden die Kinder und Jugendliche von 2 bis 18 Jahren in der Schule gegen Scharlach und Diphteri geimpft. Ferien für die Kartoffelernte sind von Montag, den 14. Oktober bis Sonnabend, den 19. Oktober einschließlich.

Bis zum 15. Oktober soll der Roggen in der Erde sein. Deshalb wird jetzt überall gedroschen, teilweise auch des Nachts.

Am 20. Oktober finden die Kreistags- und Landtagswahlen statt. Hier werden gewählt: Herr Adolf Dwars in den Kreistag, durch Nachrücken auch Herr Stark (für einen Kandidaten aus Lassan). Später auch noch Herr Scheidel (Potthagen).

Herr Stark nimmt z. Zt. in Greifswald an einem Lehrgang betreffs zeitgemäßer Erteilung des Geschichtsunterrichtes teil.

Die Neulehrer sind zu Arbeitsgemeinschaften zwecks Aus- und Weiterbildung zusammengeschlossen. Für diejenigen in der Umgebung Greifswalds ist dazu der Dienstag jeder Woche schulfrei. Sie erteilen wöchentlich statt 30 Jetzt 24 Stunden Unterricht. Alle 14 Tage ist am Dienstag eine Ganztagstagung. An den dazwischen liegenden Dienstagen findet halbtags eine Arbeitsgemeinschaft statt. Leiter im Kreis ist Rektor Plache (Lubmin), später Bezirksschulrat Block, Greifswald.

Für den 29. Oktober sind Herr Klemm, Herr Stark, Frau Dietrich und Frl. Schultz zur Volkszählung in der Gemeinde vom Schuldienst beurlaubt.

Am 6. November haben Herr und Frau Gransow ihren Silberhochzeitstag. Das Lehrerkollegium entsendet eine Deputation (2 Kollegen) zur Gratulation und lässt ein Geldgeschenk (50 Reichsmark) und einen Blumenstrauß überreichen.

In Greifswald findet eine Rektorenkonferenz statt, in der Oberregierungsrat Müller, Schwerin, und die Bezirksschulräte Block und Möller über eine große, zehntägige Schulrevision unter Beteiligung von Russen berichten, die vor kurzem im Kreise stattgefunden hat.

In der Nacht vom 8. zum 9. November wird wieder Sturm geläutet.

Am 12. November lässt Frau Dietrich sich in ihrem Nordzimmer, im Lehrerhaus Ost, obere Etage, vom Maurer Wegner einen Steinofen setzen, weil es hier für die Zentralheizung kein Feuerungsmaterial (Koks) gibt. Die anderen Kollegen haben eiserne Öfen aufgestellt. Am 27. November erhält unsere Schule auf Bezugsschein 20 Zentner Koks von den Greifswalder Städtischen Werken zur Beheizung der Klassenräume. Herr Stark vertritt von heute ab bis zu den Weihnachtsferien die erkrankte junge Lehrerin Frau Reefke in Hanshagen.

In der letzten Zeit werden im Ort wieder zahlreiche Einbrüche verübt. Man erzählt, dass 2 Flüchtlinge, die im Gemeindehaus wohnen, stark daran beteiligt sind und die Beute auf dem Schwarzen Markt in Berlin absetzen.

Ab dem 1. Dezember ist Frl. Lieselotte Meyer von Grubenhagen nach Klein Zastrow und gleich darauf nach Karlsburg versetzt worden. Ihr Nachfolger in Grubenhagen ist der Junglehrer Herr Lewerenz von der Stadtschule Gützkow. Frl. Bigalk, Groß Schönwalde ist ab dem 1. Dezember nach Behrenhoff versetzt worden. Von diesem Tage ab vertritt Herr Jürgens von hier aus in Groß Schönwalde. Folgende Verfügung des Kreisschulrates vom 9. Dezember 1946 wurde mir zur Kenntnisnahme übersandt:

„An Frl. Hildegard Stühmke, Lühmannsdorf

Sie werden ab sofort als Schulleiterin nach Hanshagen abgeordnet und übernehmen die kommissarische Verwaltung des neu einzurichtenden Rektorates in Hanshagen mit Carbow, Gladrow und Diedrichshagen."

Damit ist das Rektorat Weitenhagen aufgeteilt. Diesem verbleiben die Schulen Weitenhagen, Grubenhagen und Groß Schönwalde.

Für das laufende Vierteljahr wurden unserem Rektoratsfonds 1800 RM zur-Verfügung gestellt.

Mit dem 12. Dezember hat Herr Lewerenz jetzt ein heizbares Wohnzimmer bei der Witwe Olschewski in Grubenhagen erhalten. Die Schulstube im Gutshause dortselbst soll am 13. Dezember zum ersten Mal geheizt werden.

Für den am 17. Dezember 1946 ausgeschiedenen Gemeindevorsteher Herrn Österreich (SED) wurde Herr Straßburg (SED, Flüchtling) von der Gemeindevertretung zum stellvertretenden Gemeindevorsteher eingesetzt. Der bisherige stellvertretende Gemeindevorsteher, Herr Scheidel, Potthagen (CDU) behält dieses Amt weiterhin.

Bei der Schulfeier in Weitenhagen erhalten Günter Schulz, Helmshagen, und Horst Rossow, Grubenhagen, (beides Flüchtlinge) als würdigste Schüler eine Prämie von 5 Reichsmark, die vom Kreisschulamt für diesen Zweck zur Verfügung gestellt worden sind. Am 19. Dezember findet auch hier eine Personenstandaufnahme (Volkszählung) statt.

Weihnachtsferien sind vom 20. Dezember 1946 bis zum 9. Januar 1947 einschließlich.

Am 22. Dezember von 16 bis 19 Uhr findet bei Großklaus („Zum Sölkensee") eine Weihnachtsfeier statt, veranstaltet durch die antifaschistischen Parteien, die Schule, den Frauenausschuss, den Freien Deutschen Gewerkschaftsbund (FDGB) und die Freie Deutsche Jugend (FDJ).

Im Laufe des Jahres 1946 bauten die Neubauern August Buchweitz, Helmshagen (Waldgut) und Kutzner Potthagen, die in Helmshagen Land erhalten haben, auf ihren Grundstücken in Helmshagen beziehungsweise Potthagen je eine Scheune. Mit dem 31. Dezember endet die Schuldienstzeit von Frl. Liebenwald in Diedrichshagen.

1947

Mit dem 1. Januar 1947 werden die Stellen der Bezirksschulräte als Hauptamt aufgehoben. Bezirksschulrat Block wird zum Kreisausbildungsleiter ernannt (insbesondere für die neuen Lehrer). Er verwaltet seinen Schulaufsichtsbezirk weiter und bezieht sein Gehalt als Rektor in Hinrichshagen, wo Frl. Prescher die Schulleitung ausübt. Ebenso verwaltet Bezirksschulrat Möller seinen Bezirk weiter und wird Rektor in Gahlkow. Die vorgeschriebenen 30 Unterrichtsstunden müssen voll in 5 mal 60 Minuten täglich oder 6 mal 50 Minuten (Kurzstunden einschließlich Pausen) erteilt werden. (Also nicht täglich 5 mal 50 Minuten wie mancherorts üblich.)

Seit dem 2. Januar werben die Einwohner von Weitenhagen und Potthagen im Wald das ihnen zugewiesene Brennholz selbst, da die Waldarbeiter mit dem Fällen von Reparationsholz voll beschäftigt sind.

Russen sind z. Zt. auf den Landstraßen und in Greifswald fast nicht zu sehen. Die Kasernen sind leer.

Am 9. Januar werden die Ferien wegen Mangels an Heizungsmateriaal bis einschließlich 20. Januar verlängert.

Am 10. Januar wird Superintendent Dr. von Scheven in Greifswald von dem Bischof Dr. Dibelius, Berlin, im Dom (bisher Nikolaikirche) in Greifswald in sein neues Amt als Bischof von Pommern eingeführt (bisher Amt des Generalsuperintendenten in Stettin). Dr. Dibelius ist vor kurzem von einem Besuch in England als Gegenbesuch hoher kirchlicher Würdenträger Englands in Deutschland nach Berlin zurückgekehrt.

Am 13. Januar fällt der erste Schnee in diesem Winter, der aber schon in den nächsten Tagen wieder wegtaut. Die Zeitungen bringen Nachrichten über die verheerende Wirkung der Kälte wegen Mangels an Heizungsmateriaal, besonders in den Großstädten. In den Krankenhäusern liegen zahlreiche Menschen mit erfrorenen Gliedmaßen. Sehr viele Todesfälle werden gemeldet. Bei uns zeigt das Thermometer vom 4. bis 12. Januar -10 bis -15 Grad Celsius. Dann wird das Wetter milder (am 16.1.1947: + 8 Grad Celsius).

In der Nacht zum 19. Januar ist wieder an 3 Stellen eingebrochen worden, jedoch wurden nur an einer Stelle 6 Kaninchen gestohlen.

Am 19. Januar wird Bruno Jürgens (CDU), Sohn des früheren Gemeindevorstehers Hermann Jürgens, von der Gemeindevertretung zum Gemeindevorsteher von Weitenhagen gewählt.

Am 20. Januar ist eine Rektorenkonferenz in Greifswald. Die neuen Lehrergehälter, ab dem 1. Juni 1946, werden jetzt gezahlt, wärend in den vorhergehenden Monaten neben den alten schon Abschlagszahlungen auf die neuen Gehälter geleistet wurden. Am Schluss der Tagung erhielt ein jeder eine Tüte Kreide für seine Schule - die erste seit dem 1.10.1945!

Am 22. Januar ist Schulanfang. Da noch kein Handwerker zu bekommen war zur Instandsetzung unsere Schulheizung, kamen die Kinder jeden Tag nur zur Kontrolle der häuslichen Arbeiten und zum Empfang von Aufgaben für den nächsten Tag (seit dem 16.12.1946).

22. Januar: die Heizungsanlage in der Lehrerwohnung West (Mieter Neumann) hat Frostschaden erlitten und muss deshalb ebenfalls außer Betrieb gesetzt werden. Herr Neumann wird vom Kreisschulamt durch den Gemeindevorsteher angewiesen, den Schaden auf seine Kosten abstellen zu lassen, ebenso muss er den westlichen Hausflur, den er eigenmächtig als Geflügelstall benutzt, wieder instandsetzen lassen (ist aber nicht geschehen).

Am 22./ 23. Januar ist dichter Schneefall, ca 30 cm hoch. Viele auswärtige und hiesige Schulkinder haben kein heiles Schuhzeug, zum Teil überhaupt keine Schuhe. Da müssen manchmal Vaters oder Mutters Stiefel aushelfen, soweit solche überhaupt vorhanden oder verfügbar sind.

Unsere Bauern fahren seit längerer Zeit wieder Langholz (Reparationsholz) aus unserem Walde nach dem Schützenplatz jenseits des Ryck in Greifswald, wo es aufgestapelt wird, da die Greifswalder Sägewerke nicht so schnell schneiden können.

Am 23. Januar erhalten wir die ersten Sprachhefte für unsere Schulkinder. Es fehlen vor allem noch das Rechenbuch für Klasse 8, die Lesebücher für Klasse 5 bis 8 und die Fibel für Klasse 1. Frl. Schultz gibt ihren schwächeren Schülern der Klasse 1 heute und die folgenden Tage in ihrer Wohnung Nachhilfeunterricht. Herr Stark hat um 19 Uhr Jugendausschußversammlung (FDJ) in Diedrichshagen, und ruft bei dieser Gelegenheit die Guester Kinder bei Kronfoth zusammen und gibt ihnen neue Schulaufgaben, um ihnen den Schulweg durch den tiefen Schnee zu ersparen.

Am 25. Januar um 14.15 Uhr hält Professor Dr. Hertz, Greifswald, (Pädagogische Fakultät) im großen Sitzungssaal des Rathauses in Greifswald einen Vortrag über die „Verfassung". Unsere Junglehrer sind dazu durch den Ausbildungsleiter eingeladen. Frau Dietrich nimmt ebenfalls teil.

Am 29. Januar beruft Herr Schulrat Block Frau Dietrich ab dem 25.1.1947 zum Ausbildungsleiter der Junglehrer - Arbeitsgemeinschaft Landhagen.

Das im Walde selbst geworbene Holz muß sogleich abgefahren werden, weil es sonst gestohlen wird. Die neue Kältewelle, -12 bis -15 Grad Celsius, flaut ab. Heute sind nur -1 Grad Celsius.

Am 31. Januar findet die erste Rektorenkonferenz (ohne Hanshagen) in der Wohnung des Schulleiters statt, da die Schulräume kalt sind.

Ab dem 1. Februar fällt die Lebensmittelkarte 6 (für „Sonstige") fort. Diese und mit ihnen die Hausfrauen erhalten jetzt Lebensmittelkarte 4.

Am 5. Februar werden in Weitenhagen 18 sudetendeutsche Flüchtlinge aus dem Lager Buddenhagen einquartiert, das aufgelöst wird.

Von 3 bis 6 Uhr haben unsere Junglehrer eine Arbeitstagung in der Wohnung des Schulleiters (Vorbereitung von 2 Lektionen): 1. Einführung des kleinen Einmaleins im zweiten Schuljahr, 2. die österreichische Subtraktionmethode (4. Schuljahr).

Am 6. Februar brennt in Grubenhagen der Dachstuhl vom neuen Kuhstall ab. (Wasserleitungsrohre sollten mit der Lötlampe aufgetaut werden.) 20 Tonnen Heu wurden ein Opfer der Flammen.

Im Walde fiel ein in einer anderen Baumkrone hängen gebliebener gefällter Baum auf ein darunter haltendes Fuhrwerk aus Schmoldow. Das Pferd mußte geschlachtet werden, der Fuhrmann kam mit gebrochenen Gliedmaßen in die Klinik in Greifswald.

Am 6. 2. um 3 Uhr nachmittags fand eine Rektorenkonferenz im Sitzungssaal des Landratsamtes in Greifswald statt. Oberregierungsrat Müller, Schwerin, erläuterte eine bis Sonnabend, dem 8. Februar, dem Kreisschulamt einzureichende Statistik. Solche und auch Berichte werden häufig so kurzfristig angefordert, dass Sonderboten zwischen Greifswald, den Rektoraten und Schulorten sowie Greifswald und Schwerin eingesetzt werden müssen, um sie fristgemäß erledigen zu können.

Bis zum 6. Februar wurde das Wetter Tag um Tag gelinder bis +4 Grad Celsius. Heute, am 7. 2.1945, sank das Thermometer aber wieder bis auf -10 Grad Celsius. Die Kältewelle hielt bei Ostwind bis zum 13. Februar an (bis zu -16 Grad).

Am 8. Februar fanden in den Schulen Verfassungsfeiern statt. Wo wegen Mangels an Heizungsmaterial kein Unterricht erteilt wurde, waren diese am ersten Sonnabend nach Unterrichtsbeginn. Die Einladung örtlicher Behörden, Organisationen, Ausschüsse und der Elternschaft war angeordnet.

Die Zeitungen berichten erneut über schwere Folgen der Kältewelle in ganz Europa. Von Berlin werden bis zum 29. Januar gemeldet: 89 Todesfälle durch Erfrieren, 350 Krankenhauseinweisungen mit Erfrierungserscheinungen, 2677 ambulante Fälle.

Am 8. Februar brannten in Koitenhagen eine Scheune und ein Viehstall ab.

Am 14. Februar waren es minus ein Grad Celsius.

In der Rektorenkonferenz am 14. Februar werden die Lehrpläne für Rechnen und Sprachlehre sowie die Anfertigung von Lektionsentwürfen besprochen. Herr Klemm wird zum Betriebsobmann für unser Rektorat gewählt, anstelle von Frl. Dommer, die mit der Versetzung nach Hanshagen hier ausgeschieden und vor kurzem nach Pritzier versetzt worden ist.

Am 15. Februar verlegt Tischlermeister Behm, Greifswald, die Windfangtür im östlichen Flur des Lehrerhauses West hinter die neu eingesetzte Tür zum 4. Klassenraum zurück.

Mit Wirkung vom 16. Februar wird Herr Kreisschulrat Renn vom Kreistag in Greifswald zum Kreisrat, Abteilung Kultur und Volksbildung, gewählt (analog in den Städten: Stadtrat). Er wird damit Abteilungsleiter im Landratsamt. Und am 20. Februar wird Herr Wurch, Groß Schönwalde, durch geheime Zettelwahl zum Betriebsgewerkschaftsobmann des Rektorats Weitenhagen gewählt.

Am 21. Februar erfolgt die Wahl von Bauer (Landwirt) Walter Rakow in Weitenhagen (SED) durch die Gemeindevertretung zum Gemeindevorsteher, anstelle von Bruno Jürgens (CDU).

Auf einer Lehrerversammlung in den ungeheizten Kammerlichtspielen in Greifswald, Knopfstraße, wird am 22. Februar anstelle von Kreisschulrat Renn, der Leiter der Lehrerbildungsanstalt Greifswald (LBA) wird, Heimke, früher Lehrer in Sestelin, zum Vorsitzenden des FDGB (Freier Deutscher Gewerkschaftsbund), Gruppe Lehrer und Erzieher, gewählt. Herr Professor Dr. Wegner hält einen Vortrag zur „Entwicklung zum Sozialismus in der Schule des 20. Jahrhunderts". Einen weiteren Vortrag hält Herr Gutknecht zu Thema: „Schule und Lehrer der Gegenwart".

Am 25. Februar tagt die Junglehrer - Arbeitsgemeinschaft in Weitenhagen.

In der Zeit vom 25. Februar bis zum 6. März herrscht fast täglich bei scharfem Nordostwind starkes Schneetreiben. Jeden Tag müssen Einwohner zum Schneeschippen nach Helmshagen (Chaussee und Damm).

Am 1. März wird die landwirtschaftliche Berufsschule für Jungen und Mädchen in Weitenhagen durch unsere landwirtschaftliche Berufsschullehrerin Frl. Schultz eröffnet. Der Unterricht muss vorläufig wegen Mangels an heizbaren Räumen ausgesetzt werden. Am 4. März schickt die Firma Grönhagen in Greifswald endlich 2 Männer zur Instandsetzung unserer Zentralheizungsanlage im Klassengebäude und in der Lehrerwohnung West. Es wird festgestellt, dass der Heizofen der Schule erneuert werden muss, wozu bis zur Öffnung der Zonengrenzen wenig Aussicht vorhanden ist. Die Heizung im Wohnhaus West muss erst auftauen. Vom 10. März an wird der gesamte Unterricht von 8 bis 18 Uhr im Raum 4 im Lehrerhause West erteilt, da in dem Raum ein eiserner Ofen aufgestellt worden ist. Jede Klasse erhält täglich durchschnittlich 2 Kurzstunden Unterricht. Am 11. März wird der erste Unterricht (3 Stunden) der landwirtschaftlichen Berufsschule für Mädchen, ebenfalls im Raum 4 erteilt.

Am 11. März nachmittags fand in Greifswald eine Besprechung der Schulleiter der näheren Umgebung Greifswalds mit dem Dekan der Pädagogischen Fakultät, Professor Dr. Struck, statt, betreffs der Unterbringung (Verteilung) der schätzungsweise 150 Studenten des 2. Semesters der Pädagogischen Fakultät zum Hospitieren (Praktikum) an unseren Schulen.

Der Lehrkörper der Pädagogischen Fakultät der Universität Greifswald besteht aus:
1. Ordentlicher Professor für Pädagogische Psychologie: Prof. Dr. Struck, gleichzeitig Dekan der Fakultät
2. Professor für Didaktik und Methodik der Geschichte: Prof. Curt Martens, gleichzeitig Prodekan der Pädagogischen Fakultät (1945/46 Bezirksschulrat in Wolgast, früher Mittelschulelehrer)
3. Honorar - Professor für praktische Pädagogik: Oberbürgermeister Prof. Paul Hoffmann, bis 1933 und ab 1945 (vor Buchholz) Schulrat in Greifswald
4. Professor für Geschichte der Pädagogik: Prof. Dr. Wegener
5. Ferner die Dozenten:
   Buchholz: Didaktik und Methodik der Unterstufe (bis 1933 Schulrat in Stralsund, 1945 nach Hoffmann in Greifswald);
   Dr. Dippelt: Didaktik und Methodik der Biologie und Heimatkunde;
   Dr.Gaupp: Didaktik und Methodik der Chemie;
   Dr. Graupner: Musik und Spracherziehung;

Frau Jürgens: Didaktik und Methodik der Unterstufe (bis 1945 Lehrerin in Eldena);

Dr. Markowsky: Didaktik und Methodik der Erdkunde;

Herbert Schmidt - Walter: Kunsterziehung;

Dr. Herz: Politische und soziale Fragen der Gegenwart;

Frau Plogstys: Didaktik und Methodik der russischen Sprache.

Am Vormittag des 11. März fand eine Arbeitstagung unserer Junglehrer statt, auf der der Schulleiter 2 Lektionen hielt: „Einführung der Prozent- und Zinsrechnung" (7. Schuljahr) und „Einführung in das Teilen mit zweistelligem Teiler" (4. Schuljahr).

Die Klassen haben jetzt folgende Bezeichnungen:

erstes Schuljahr (Klasse 1) bis viertes Schuljahr (Klasse 4): Unterstufe

fünftes Schuljahr (Klasse 5) bis achtes Schuljahr (Klasse 8): Mittelstufe;

insgesamt gelehrt an der Grundschule

neuntes Schuljahr (Klasse 9) bis zwölftes Schuljahr (Klasse 12): Oberstufe;

gelehrt an der Oberschule

Der erste Berufschulunterricht für Jungen (3 Stunden) wird von Herrn Stark am 12. März erteilt.

Am 13. März schlägt das dauernde Schneegestöber der letzten Tage bei Ostwind am Abend plötzlich in Regenwetter um.

Herr Lehrer Paul Schirmer aus Waldeshöhe, Kreis Ueckermünde, Schwager von Friedhelm Wallis, ist im Herbst 1946 aus russischer Kriegsgefangenschaft aus Rumänien zurückgekehrt. Er war Hauptmann und wohnt jetzt im Hause seiner verstorbenen Schwiegereltern Klempin in Potthagen. Er wurde jetzt hier zum Gemeindesekretär gewählt anstelle von Herrn Adolf Dwars, der zum 1. April 1947 gekündigt hat. Herr Wallis ist Gemeindesekretär in Helmshagen.

Grosse Überschwemmungen …

Seit dem 13. März ist mit wenig Unterbrechung Tauwetter. Am 20. März schimmert stellenweise schon der Acker durch die Schneedecke, die insgesamt noch ziemlich fest liegt. Dann beginnt es stärker zu tauen. Infolge der erheblichen Schneemassen, die auf tief gefrorenen Boden gefallen sind, kann das Wasser nicht versickern. Die ganze Ecke von Wahls Garten, wo der Abfluss verstopft ist, bis auf das Küstereigrundstück, ist ein See. Wahls muss seine Kühe, die fast bis an die Knie im Wasser stehen, am 22. März in den etwas höher gelegenen Schweinestall bringen, an den das Wasser aber auch schon heranreicht. Die untere Reihe der Bienenkästen im Schauer im Küstergarten muss höher gestellt werden, weil das Wasser stellenweise schon in die Fluglöcher läuft.

Am Nachmittag wird an Wahls nordwestlicher Gartenecke die Motorpumpe der Greifswalder Feuerwehr eingesetzt, die große Wassermassen in den Krusen Diek (Teich westlich von Hacker's Garten) pumpt. Ein wesentliches Sinken des Wasserstandes ist aber am Abend noch nicht festzustellen, da noch nicht aller Schnee weggetaut ist. Herr Wahls zog in den nächsten Tagen dann noch einen tiefen Graben von seiner Gartenecke den Schönwalder Weg entlang, durch den ein Teil des Wassers abfließen konnte. Aber erst am 13. Mai ist das letzte Wasser versickert. Eine Anzahl von Obstbäumen, die die Zeit über im Wasser gestanden haben, ist eingegangen. Einer solchen Überschwemmung kann sich keiner hier in Weitenhagen entsinnen.

Im Rahmen der Landtagssitzung am Freitag, dem 21. März 1947 in Schwerin, gab Ministerpräsident Höcker in einer Regierungserklärung bekannt, dass unser Land in Zukunft den Namen „Land Mecklenburg" tragen werde. Diese Bezeichnung ist, wie Ministerpräsident Höcker ausführte, im Zuge der Auflösung Preußens gemäß dem Kontrollratsgesetz vom 25. Februar 1947 notwendig geworden. Diese Namensänderung hat keinerlei Grenzveränderungen zur Folge, so dass das „Land Mecklenburg" in Zukunft die gesamten früheren mecklenburgischen Gebiete einschließlich des Kreises Neuhaus und die 8 vorpommerschen Kreise umfassen werde. Bei einem geschichtlichen Rückblick hob Ministerpräsident Höcker die Einheitlichkeit und Zusammengehörigkeit aller unter dem Namen „Land Mecklenburg" vereinten Gebiete hervor. Die Regierungserklärung fand daraufhin die einstimmige Billigung des Landtages (Landeszeitung vom 23. März 1947, Druck Julius Abel, Greifswald). Die Kreiseinteilung blieb bestehen. Der Landrat untersteht direkt dem Ministerium des Landes.

Am 3. April wurden 4 Knaben aus der Schule entlassen. Weitere 2 Knaben und 2 Mädchen besuchen den Unterricht weiter bis zum Ende des Schuljahres. Osterferien sind vom 4. bis 14. April einschließlich. Für die Zeit vom 7. bis zum 13. April ist Frau Hausch zu einem Lehrgang für Lehrer der russischen Sprache in Schwerin einberufen worden.

Am 3. April wurden Sprengungen auf dem Schießstand in Helmshagen vorgenommen. Von dem Luftdruck sind bei Großklaus, Hertzfeld, Dannenfeld u. a. Fensterschreiben gesprungen. In der vorigen Woche wurden bei Jürgens 3 Schafe, bei Rakow ein Kalb und bei Krohn (Bewirtschafter: Schauer) Kartoffeln aus der Miete gestohlen.

In der Nacht vom 5. zum 6. April werden die Uhren auf Sommerzeit eine Stunde vorgestellt.

Unsere Landwirte sind in großer Sorge um Saatkorn und Saatkartoffeln, da manche im Herbst fast alles haben abliefern müssen. Viele Kartoffeln in den Mieten sind erfroren.

Hausmeister Brockmann in Potthagen ist als Forstwart (Förster) nach Neuenkirchen versetzt, später ist er dort in Neuenkirchen Neubauer (Siedler) geworden. Sein Nachfolger hier ist Otto Möller, Waldarbeiterhaus des Waldgutes Helmshagen. Forstmeister in Eldena ist von Treskow, dessen Vorgänger, von Malzahn, ist nach Westdeutschland verzogen.

Am 11. April werden die Gärten beim Lehrerhaus Ost an die 3 Einwohner Dietrich, Klemm und Stark aufgeteilt. Am 15. April ist der Beginn des vollen Unterrichts in den ungeheizten 4 Klassenräumen. Herr Jürgens unterrichtet von hier aus noch mit voller Stundenzahl in Groß Schönwalde, Herr Klemm mit seiner halben Kraft (15 Kurzstunden) in Grubenhagen.

Am 17. April ist Ganztagstagung der Junglehrer - Arbeitsgemeinschaft in unserer Schule, wieder unter Frau Dietrichs Leitung. Es kamen die Junglehrer(innen) aus Hanshagen, Carbow, Gladrow (2), Diedrichshagen, Groß Kiesow, Müssow, Sanz, Behrenhoff und aus dem Rektorat Weitenhagen. Der Schulleiter Karl Schultz hielt eine Lektion im Rechnen in Klasse 6 (6. und 7. Schuljahr) und einen Vortrag aus der Psychologie (Apperception, Phantasie).

Auf der Rektorenkonferenz am 19. April in Greifswald wird Rektorin Frl. Wolf, Buddenhagen, zur Kreisreferentin für den Geschichtsunterricht ernannt. Sie darf in allen Schulen hören und Ratschläge erteilen. Im Anschluss daran wird eine Anzahl von Lehrern, die an einem Lehrgang für Geschichtsunterricht teilgenommen haben, die Genehmigung zur Erteilung des Geschichtsunterrichtes durch Aushändigung einer Urkunde gegeben. Sie werden durch Handschlag zur ordnungsgemäßen Erteilung dieses Unterrichts verpflichtet. An unserer Schule erhielt Herr Stark am 8. Mai 1947 die Zulassung. Vom 19. bis 21. April ist Herr Stark zu einer Tagung der FDJ in Schwerin beurlaubt.

Am 23. April ist eine Lehrerkonferenz im Rektorat Weitenhagen (Rektoratskonferenz) und am 24. April tagt die Junglehrer - Arbeitsgemeinschaft. Am 25. April ist eine Besprechung im pädagogischen Dekanat in Greifswald, (Bahnhofstraße - Ecke Link Straße). Sie betrifft das Praktikum der Pädagogikstudenten an den Schulen Weitenhagen, Groß Schönwalde,

Neuenkirchen und Hinrichshagen. (Wieck und Eldena sind Schulen der Stadt Greifswald.) Nach Weitenhagen kommen jeden Dienstag:

Dr.Gaupp, 2 Std., 8 bis 9.35 Uhr, Physik Kl. 6/7 (Dietrich)

Dr. Dippelt, 2 Std. 9 bis 10.30 Uhr, Biologie Kl. 6/7 (Dietrich)

Dr. Markowski, 2 Std. 9 bis10.30 Uhr, Erdkunde Kl. 5 (K. Schultz)

Am 28. April war der Russe schon sehr früh in Potthagen, um die Ackerbestellung voranzutreiben. Jeder Bauer hat in jedem Jahr seinen ihm vorgeschriebenen Anbauplan zu erfüllen:

Anbauverpflichtung für das Jahr 1947

Name und Vorname des Besitzers der Landwirtschaft, Adresse

„Die Bürgermeisterei der Gemeinde Landhagen teilt mit, dass für Ihre Wirtschaft folgende Aufgabe für die Aussaat von landwirtschaftlichen Kulturen für die Erde 1947 festgesetzt ist: …"

„Entsprechend dem Befehl der SMA tragen Sie persönlich die Verantwortung für die Erfüllung der oben genannten Aufgaben. Ihnen wird die Verpflichtung auferlegt, nicht später als bis zum 1. Juni 1947 an die Bürgermeisterei diese Anbauverpflichtung zurückzugeben, nachdem Sie in der Spalte „tatsächlich sind 1947 ausgesät" angegeben haben, wie viel Hektar von Ihnen ausgesät wurden. Datum, Unterschriften des Bürgermeisters und des Anbaupflichtigen."

Bisher waren in unserer Umgegend feldmäßig nicht angebaut worden: Linsen, Mohn, Senf nur zu Grünfutter, Lein, Hanf, Tabak, Gemüse, 13 übrige Kulturen, Luzerne nur ab und zu, vereinzelt und in kleinen Flächen, Raps und Rübsen, so dass der Plan für viele eine weitgehende Umstellung in der Landwirtschaft bedeutete.

Ebenso gibt es einen Viehvermehrungsplan, Ferkelkaufgenehmigung, Schlachtgenehmigung, Verträge über die Pflichtablieferung von Getreide und anderen Feldfrüchten, Obst, Beerenobst, Nüssen und Weintrauben, Fleisch, Eiern, Wolle u.a. An Bienenhonig soll das halbe Gewicht des zur Winterfütterung gelieferten Zuckers abgeliefert werden, Wachs pro Bienenvolk 50 Gramm.

Die gesamte Milch muss täglich zur Molkerei nach Greifswald geliefert werden. Einen Teil derselben erhalten die Bauern als Magermilch zurück. Die Abfuhr der Milch für Klein Schönwalde, Weitenhagen, Potthagen und Helmshagen besorgt jeden Morgen Münter, Potthagen, mit einem großen gummibereiften Lastwagen, der von einem Trecker (Traktor) gezogen wird. Z. Zt. der Milchschwemme muss noch ein Anhänger zu Hilfe genommen werden.

Überall herrscht Mangel an Saatgut. An einige Landwirte wird solches verteilt, Getreide pro Morgen (0,25 Hektar): 15 kg. Stellenweise liegt noch der ganze Acker in Stoppeln, wegen Mangels an Gespannen, die während der weniger arbeitsreichen Zeit Langholz fahren mussten. Unsere 3 Traktoren (Besitzer: Münter, Wahls und Rudi Passow) müssen in Helmshagen, Grubenhagen, Wampen u.a. pflügen.

Am 29. April kommen die Studenten der Pädagogik aus Greifswald im strömenden Regen zum ersten Mal zum Praktikum nach Weitenhagen.

Die Feier des 1. Mai, die auf dem Schulplatz stattfinden sollte, musste wegen des regnerischen Wetters in Lohrkes Saal verlegt werden: Gesang und Deklamation, Volkstänze und Wettspiele der Schulkinder, Verteilung von Geschenken. Die Redner, die vorgesehen waren, verzichteten wegen des schwachen Besuches durch Erwachsene auf ihre Ansprachen, abends war Tanz.

Am 6. Mai ist Herr Schirmer aus dem Gemeindebüro als Gemeindesekretär entlassen worden. Er vermittelt jetzt als Kurier den Schriftverkehr zwischen der Gemeindebehörde, der Bezirksbürgermeisterei (Außenstelle des Landratsamtes) und dem Landratsamt und verrichtet die Botengänge für die Gemeindebehörde innerhalb der Gemeinde. Gemeindesekretärin ist jetzt Frl. Mörschner, Bürohilfskraft Frl. Österreich.

Herr Stark und Herrr Adolf Dwars sind Mitglieder des Kreistages (FDJ und CDU). Die Gemeinde Weitenhagen, das heißt Weitenhagen, Potthagen und Klein Schönwalde) hatte 1939 485 Einwohner, 1946 sind es 757.

Am 10. Mai ist Kreislehrerkonferenz in der Stadthalle in Greifswald. Ministerialdirektor Manthey, Schwerin, spricht über „Die historische Situation und die Aufgabe der Lehrerschaft". Nachmittags hält derselbe mit den Schulräten und Rektoren eine Besprechung ab über einjährige Lehrgänge zur Ausbildung von Fachlehrern für die Oberschule.

Am 20. Mai wurde durch das Gesundheitsamt eine Tuberkulinprobe an den Kindern der Klassen 1 und 5 und an allen 14 - jährigen Kindern in der Schule vorgenommen.

Bis zum 24. Mai war es uns trotz dauernder Bemühung noch nicht gelungen, jemand zu finden, der für die Lehrkräfte die ca. 6 Morgen Schulacker (gepachteter Pfarracker, Lehmkuhlenparzelle) umpflügt. Am 24. Mai pflügte Günter Wahls, nach Herrn Starks Bemühung infolge guter Beziehungen in der FDJ, den Acker mit seinem Traktor um.

Karl Schultz nimmt am 28. Mai an einer Schulungstagung der Volksbüchereileiter im Haus der Kultur teil.

Wir hören immer wieder von nächtlichen Einbrüchen und Diebstählen.

Am 29. Mai ist eine Arbeitstagung der Junglehrer in Weitenhagen und am 2. Juni besucht unsere Ausbildungsleiterin Frau Dietrich mit unseren Junglehrern eine

Studentenversammlung in der Stadthalle. Es sprach der russische Major Rudnik als Vertreter der SMA (Sowjetische Militär Administration) über das Thema: „Die Sowjetunion und die Welt", das heißt über die Politik der Sowjetunion, die nur auf Frieden eingestellt ist. In der Aussprache gab der Major auf an ihn gerichtete Fragen bereitwillig Antwort. Auf eine Bemerkung, dass unsere Kriegsgefangenen aus Russland zum großen Teil krank zurückkommen, sagte er : „als Hitler 1942 den totalen Krieg begann, schickte er uns Krüppel, Lahme, Lungenkranke usw., Russland ist kein Erholungsheim. Darum kommen sie jetzt auch krank zurück".

Vom 31. Mai bis zum 4. Juni waren sehr heiße Tage, zeitweise 27 Grad Celsius. Am 9. Juni werden in der Schule alle 5 bis 15 Jahre alten Kinder gegen Typhus geimpft.

In der ersten Hälfte des Juni sind hier wieder Einbrecher am Werk, die es hauptsächlich auf Schweine, Schafe und Kleinvieh abgesehen haben. Der Mangel an Kartoffeln macht sich z. Zt. sehr bemerkbar. Am 17. Juni ertönt gegen Mitternacht die Sirene: 2 Flugzeughallen in Ladebow werden gesprengt, eine weitere am 18. Juni.

Vor einiger Zeit kehrte Lehrer Peters (PG), Groß Schönwalde, aus der Kriegsgefangenschaft zurück und fand seine Stelle besetzt (Wurch). Er fuhr zu seiner Frau in deren Heimatstadt Damgarten. Am 30. Juni starb Herr Wurch in der Klinik in Greifswald infolge Blinddarm- und Bauchfellentzündung und wurde am 4. Juli auf dem Alten Friedhof in Greifswald, Wolgaster Straße, beerdigt.

Die letzten Tage im Juni sind sehr heiß, am 30. Juni. über 30 Grad Celsius. Gewitter in den nächsten Tagen bringen Abkühlung und seit dem 5. Juli ist es dauernd kühl und regnerisch.

Bis zum 9. Juli 1947 hatte unsere Schule (167 Kinder) 260,50 kg getrocknete Heilkräuter abgeliefert: Rainfarn 175,75 kg, Schachtelhalm 45,00 kg, Wermut 16,75 kg, Himbeerblätter 6,50 kg, Birkenblätter 3,00 kg, Brennesselblätter 10,00 kg, Brombeerblätter 3,50 kg Trockengut. Die Sammlung wird fortgesetzt.

Am 10. Juli ist eine Arbeitstagung der Junglehrer aus den Rektoraten Weitenhagen, Hanshagen und Groß Kiesow (Müssow, Sanz, Behrenhoff) in Weitenhagen.

Am 14. Juli wählt die Gemeindevertretung einen neuen Schulausschuss: Rakow, Scheidel, Dwars, Uecker. Regelmäßig jeden Monat ist dem Kreisschulrat ein Bericht über die Zahl der Unterrichtsräume, der Klassen, der Knaben und Mädchen, der Zugehörigkeit zur FDJ und der Teilnahme am fremdsprachlichen Unterricht (Russisch, Englisch, Französisch) einzureichen und vom Kreisschulamt nach Schwerin weiter zu erstatten. In Weitenhagen wird z. Zt. Unterricht in der russischen (Frau Hausch) und in der englischen Sprache (Frau Dietrich) erteilt. Dreimal im Jahr ist über den Stand der Lehrerverhältnisse der Schulen zu berichten. Am 18. Juli hospitiert Herr Professor Martens mit seinen Pädagogikstudenten zum ersten Mal an unserer Schule. Herr Stark hält eine Geschichtslektion mit dem 6./7. Schuljahr über „die Steinzeit". Bisher hatten die Studenten bei Herrn Wurch in Groß Schönwalde im Geschichtsunterricht hospitiert.

In jedem der 3 Klassenräume soll ein Schornstein hochgezogen und ein Ziegelsteinofen gesetzt werden. Die Maurerarbeiten hat der Bauunternehmer Rudolf Behrend in Greifswald übernommen. Der Maler Leverenz, Potthagen, soll die Schulräume mit einem neuen Anstrich versehen. Andere Schäden werden durch den Tischler, den Glaser und den Elektriker behoben.

Bis zum 24. Juli soll aller Roggen gemäht und bis zum 1. August das gesamte Jahressoll abgeliefert sein.

Professor Paul Hoffmann, Greifswald, ist Nachfolger des Ministerialdirektors Manthey, Schwerin, geworden. Prof. Hoffmann hält aber daneben weiter seine Vorlesungen an der Greifswalder Universität und bleibt in seiner Wohnung in Greifswald.

Am 30. Juli ist Schluss des Schuljahres: 2 Jungen und 2 Mädchen, deren Eltern zu Ostern nicht ihre Entlassung beantragt hatten, werden in einer Feierstunde, zu der auch die Eltern und der Schulausschuß eingeladen sind, aus der Grundschule entlassen. Der aus Anlass des Schulabschlusses ebenfalls veranstaltete Elternabend war gut besucht. Die Sommerferien dauern bis zum 31. August einschließlich.

Die kirchlichen Observanzen (Gewohnheitsrechte) werden aufgehoben, hier die „Roggenrente" und das „Prövengeld" der Güter, bei denen diese nicht bereits abgelöst sind, im Herbst jeden Jahres zu zahlen, und die „Hufenbeiträge" der „Eingepfarrten", das heißt der zur Kirchengemeinde gehörenden Güter, zur Unterhaltung der kirchlichen Gebäude. Die Ausgaben für Kirche und Pfarre sollen durch die Erträgnisse des Pfarrackers und durch allgemeine Kirchensteuern gedeckt werden, die durch die Zugehörigen zur Kirchengemeinde aufzubringen sind. Das Bankengeld (Gebühr für reservierte Plätze in der Kirche), dass jeden Herbst bezahlt wurde, sowie das „Vierzeitengeld", sind schon seit der Inflationszeit (bis 1923) in Wegfall gekommen. Das Vierzeitengeld hatte bis 1918 der Küster, seit 1919 der Kirchendiener durch persönliche Besuche von Haus zu Haus einzuziehen. Das Befördern der „Kurrende", einer verschließbaren Blechkapsel, zu der jeder Pastor einen Schlüssel hatte, mit Kollekten, Rundschreiben, Büchern u. a. von einem

Kirchdorf des Kirchenkreises zum anderen durch den Küster persönlich oder auf seine Kosten durch die Post, hörte hier 1916 auf.

Bis zum 10. August zögern die Bauhandwerker den Beginn der Arbeiten noch immer weiter hinaus, die noch in den Ferien fertig gestellt werden sollen, angeblich wegen vordringlicher Arbeiten. Auch die Mauersteine sind noch nicht angefahren.

Am 15. August, in den Ferien, besuchten Herr Regierungsdirektor Säuberlich, Schwerin, Herr Kreisschulrat Renn und der russische Schulinspektor Herr Kapitän (Hauptmann) Machnow aus Greifswald unsere Schule und besichtigten die Schulräume und die Lehrerwohnungen. Der Bürgermeister (Gemeindevorsteher), alle Lehrkräfte und auch die Hauswartsfrau Gransow wurden zusammengerufen. Herr Stark, Herr Klemm, Herr Jürgens und Frau Hausch waren nicht erreichbar. Das gründliche Aufräumen und Reinigen in den Ferien war in Erwartung der Handwerker noch nicht geschehen.

Ferner wohnte der Herr Neumann noch immer in der Lehrerwohnung West, obgleich eine Anordnung der Landesregierung besteht, dass alle schulfremden Personen in Lehrerwohnungen diese räumen sollen. Alle dahingehenden Anträge unsererseits sind erfolglos geblieben, obgleich die Wohnung von Herrn Jürgens bei Lohrke zur Verfügung stand. Der Schulinspektor ordnete daraufhin an, den kommissarischen Rektor K. Schultz wegen nicht ausreichender Initiative in der Schulleitung abzulösen; Neumann soll die Wohnung innerhalb von 3 Tagen räumen. Dem Schulwart soll gekündigt werden. Am 27. August übertrug Herr Kreisschulrat Renn gelegentlich eines abermaligen Besuches die vertretungsweise Führung der Rektoratsgeschäfte an Frau Hildegard Dietrich.

Karl Schultz erteilt weiterhin wöchentlich 15 Stunden Unterricht an der Grundschule und 3 Stunden an der landwirtschaftlichen Berufsschule für die männliche Jugend. Dem Schulwart soll zum 1. Januar 1948 vom Kreisschulamt gekündigt werden, damit seine Wohnung für den neuen Rektor frei wird.

In diesen Tagen lässt der Herr Bürgermeister abgeputzte Mauersteine von den gesprengten Gebäuden auf dem Flugplatz Ladebow und Lehm und Sand für die Öfen und Schornsteine anfahren. Anstelle von Baukalk wird Düngekalk verarbeitet. Die Maler sind an der Arbeit in den Räumen, in die die Maurer nicht kommen. Der Glaser Horn, Flüchtling in Greifswald, baut einen Teil unserer inneren Doppelfenster in Küche und Werkraum aus, um das Glas in die Schulfenster in Groß Schönwalde einzusetzen, die zum großen Teil noch immer mit Pappe vernagelt sind, weil Glas anderweitig nicht zu haben ist.

Ab dem 1. September werden auch die Landarbeiter Selbstversorger oder erhalten Lebensmittelkarte 4 (statt bisher Karte 3 für Arbeiter), da sie auf dem Lande immer noch Gelegenheit haben, Lebensmittel zusätzlich zu bekommen.

Am 1. September beginnt das neue Schuljahr. Es werden 13 Knaben und 12 Mädchen in Klasse 1 aufgenommen. Jedes dieser Kinder erhält 125 Gramm Bonbon und 4 Schnecken (Kuchen).

Die Maurer beginnen mit dem Bauen der Steinöfen und der Schornsteine. Der Unterricht wird in Raum 1 (östliches Schulzimmer) und Raum 4 (westliches Lehrerhaus) laufend den ganzen Tag erteilt.

Am 8. September nimmt Frl. Böhm den Unterricht in Groß Schönwalde auf. Herr Jürgens unterrichtet dort auch weiterhin. Am 14. September wird in einer Schulfeier der Opfer des Faschismus gedacht. Der Tag ist schulfrei.

Herbstferien sind vom 27. September bis zum 14. Oktober einschließlich.

Ab dem 1. Oktober schließen sich die Gemeinden des Kreises Greifswald zu einem Kreisschulverband zusammen zwecks Aufbringung der Kosten für die sächlichen Aufwendungen für die Schulen des Kreises durch Beiträge der Gemeinden. (Dieser Kreisschulverband ist 1950 wieder aufgelöst worden.)

Am Sonnabend, dem 11. Oktober, wurde das Erntefest gefeiert: Umzug mit 2 geschmückten Erntewagen und einer Musikkapelle durchs Dorf, Kinderfest mit Kaffeetafel bei Lohrke, abends Tanz für Erwachsene.

Am 20. Oktober wurden die Steinöfen in der Schule zum ersten Mal geheizt. Hauswart als Nachfolger von Herrn Gransow, der noch in der Schule wohnt, wird ab dem 1. Januar 1948 Herr Leesch jun. in Potthagen, Sohn des Fleischers Leesch dortselbst.

Am 24. Oktober ist eine Kreislehrerkonferenz in der Stadthalle in Greifswald:

1. Eröffnung durch den Rektor Heimke, Greifswald (früher Sestelin, bis 1933 in Wolgast).
2. Ministerialdirektor Professor Hoffmann: Welches ist das Fundament, auf dem Mecklenburg die Schulreform künftig durchführen wird?
3. Oberbürgermeister Burwitz, Greifswald: Bericht über den Pädagogischen Kongress in Leipzig.
4. Schulinspektor (der Stadt Greifswald) Kapitän Mendelewitsch: Die russische Oktoberrevolution.
5. Kreisschulrat Renn: Der heutige Stand des Schulwesens im Landkreis Greifswald:

1945 8400 Kinder 93 Lehrer

1946 13200 Kinder 284 Lehrer 382 Klassen

1947 13500 Kinder 277 Lehrer 105 Schulen

Der Kreis braucht z. Zt. noch 134 Lehrer.

Für den 18. Oktober war eine Rektorenkonferenz in Greifswald einberufen:

1. Für Ferien und Urlaub der Lehrkräfte ist maßgebend die Tarifordnung für Angestellte (TOA).

2. Schulleiter dürfen kein rundes Dienstsiegel führen.

3. Die einzelnen Schuljahrgänge heißen jetzt Stufen, statt bisher (seit 1945) Klassen, also: 1. Schuljahr gleich 1. Stufe, 2. Schuljahr gleich 2. Stufe und so weiter. Die Grundschule hat also 8 Schuljahrgänge gleich 8 Stufen. Eine Klasse ist eine Schülergemeinschaft, die gleichzeitig in demselben Raum durch einen Lehrer Unterricht erhält. Unsere Schule ist zurzeit folgendermaßen gegliedert: 8 Schuljahrgänge, 8 Stufen, 7 Klassen, da die 7. und 8. Stufe von einem Lehrer in einem Raum unterrichtet werden.

4. Es gibt Teilgrundschulen, das sind solche, die nur einen Teil der Schuljahrgänge betreuen, zum Beispiel nur 1 und 2 oder 1 bis 4 oder 1 bis 6 oder 3 und 4 o.a. Die übrigen Kinder besuchen eine für sie in Frage kommende Nachbarschule.

   Die Vollgrundschule unterrichtet alle 8 Schuljahrgänge,

   die Volloberschule: 9. bis 12. Stufe,

   die Teiloberschule: zum Beispiel 9. und 10. Stufe,

   Die Verbandsschulen werden durch Zusammenschluss mehrerer Teilgrundschulen gebildet, z. B. aus 2 oder 3 Ortschaften gehen alle Kinder der ersten Stufe in ihre dorfeigene Schule, die der zweiten Stufe gehen aus allen Orten nach dem Dorf A, dritte Stufe nach B, vierte Stufe nach C. Die älteren Kinder aus A besuchen die Vollgrundschule in X, die aus B und C denjenigen aus Y.

   Die beste Form der Grundschule ist die Zentralverbandsschule, in der die ersten Stufen alle ihre dorfeigene Schule und die weiteren Stufen alle eine zentral gelegene Vollgrundschule besuchen. Zentralschulen (nach Möglichkeit mit Internat) nehmen die älteren Jahrgänge abseits gelegener Teilgrundschulen auf, eventuell als Fahrschüler.

Am 24. Oktober, abends um 19.00 Uhr, sprach der russische Major Malisch von der SMA - Karlshorst auf einer längeren Kundgebung in der Hansahalle (Lange

Reihe) in Greifswald über „30 Jahre Oktoberrevolution und ihre Bedeutung für Deutschland."

Am 26. Oktober wurden für den kommenden Winter bis jetzt 10 Raummeter (rm) Eichenscheit- und Knüppelholz als Heizmaterial für die Schule angefahren und liegen seit einigen Monaten auf dem Schulplatz. 1 rm ist davon zerkleinert, so dass mit dem Heizen schon angefangen werden kann. Aber mit so geringen Vorräten darf die Schule nicht in den Winter gehen. Jedoch kann der Gemeindevorsteher, der für die Beschaffung des Heizmaterials verantwortlich ist, keine Männer zum Holzschlagen und kein Fuhrwerk zum Anfahren bekommen. Fast täglich ist der Schulleiter auf dem Gemeindeamt und beim Förster, um weiteres Holz anzufordern, bis dieser zusagt, noch 24 rm von den Waldarbeitern schlagen zu lassen. Es muss aber sogleich abgefahren werden, damit es nicht gestohlen wird. Der Schulleiter geht daraufhin zu den einzelnen Bauern, von denen sich auch eine Anzahl durch Unterschrift verpflichteten, je 2 bis 3 Raummeter anzufahren. Die Liste wird dem Gemeindevorsteher vorgelegt. Ein Bauer liefert die Kreissäge auf den Schulhof, ein anderer den Elektromotor, 2 bzw. zeitweise 4 Flüchtlinge zerkleinern das Holz. Bis zum 1. Dezember ist alles geschafft. Mit diesem nassen Holz müssen nun den Winter über die Schulräume geheizt werden.

Am 30. Oktober baut der Glasermeister Horn weitere Glasscheiben der Doppelfenster in Küche und Werkraum (Bühne) unserer Schule aus, um sie für die Fenster der Schule in Grubenhagen zu verwenden, die noch zum Teil mit Pappe vernagelt sind und da Glas nicht zu bekommen ist.

Die russische Oktoberrevolution wird am 7.November in der Schule gefeiert.

Am 9. November bekommen unsere Bauern ihre Urkunden darüber, dass sie den bisher von der Universität in Klein Schönwalde gepachteten Acker zu eigen erhalten. Die Bezahlung („Bodenreform - Kaufgeld") erfolgt nach und nach in jährlichen Raten. Keiner soll mehr als 60 Morgen (15 ha) haben. Aus dem darüber hinaus gehenden Land wird eine neue Siedlung gebildet (K. Meier). Ein nochmaliger Antrag des Schulleiters an den Universitätskurator, von dem in Klein Schönwalde zur Verfügung stehenden Acker 5 - 6 Hektar als Schuldienstland abzuzweigen, hat keinen Erfolg.

Am 1. Dezember tritt Oberbürgermeister Rau, Greifswald, sein Amt als Landrat des Landkreises Greifswald an, anstelle des Landrates Freese. Zum Oberbürgermeister von Greifswald wird am 13. Dezember der Stadtschulrat Burwitz gewählt.

Förster Kluczik versieht von hier aus bereits längere Zeit das Amt des Forstmeisters in Eldena mit, das so lange Forstmeister von Treskow verwaltete. Bei uns übt Haumeister Otto Möller die Forstaufsicht aus.

Am 7. Dezember besucht unsere Schule mit zirka 170 Kindern die Weihnachtsschülervorstellung im Stadttheater in Greifswald („Prinzessin Ilse").

Seit Anfang Dezember werden die Postsachen hier wieder fast täglich ausgetragen, außer an den Sonntagen, da ein Postauto die Sachen wieder von Greifswald bringt, wenn es denn funktioniert.

Anstelle von Frau Martha Griepentrog, geb. Plagens, die bis Ende August das Amt einer Gemeindeschwester hier versah, Anfang September aber mit ihren beiden Jungs zu ihrem Mann nach Westdeutschland zog, ist die Gemeindeschwester Margarete (Flüchtling aus Stettin) hier stationiert. Sie wohnt bei Plagens.

Im Laufe des Dezember wurden die Schrotmühlen unserer Bauern angeschlossen, so dass nicht gemahlen werden konnte, weil die Gemeinde ihre Getreideablieferungssoll für 1947 noch nicht erfüllt hat.

Sonntag, den 21. Dezember veranstaltete die hiesige Volkssolidarität (Vorsitzender: Superintendent Dr. Rolf Berg - Weitenhagen) im Saale von Großklaus (Potthagen) für die Kinder unserer Gemeinde (Weitenhagen, Potthagen, Klein Schönwalde) eine Weihnachtsfeier. Die Festansprache hielt Dr. Berg. Es gab Kaffee, Kuchen, Reklamationen, Gesang und die Aufführung kleiner Festspiele. Zum Schluss erhielt jedes Kind ein kleines Geschenk. Friedrich Ramm sen. (Potthagen) trat als Weihnachtsmann auf.

Weihnachtsferien sind vom 18. Dezember 1947 bis zum 7. Januar 1948 einschließlich.

Das Wetter ist mild und regnerisch, zeitweise bis zu 5 Grad Celsius. Am Tage des Heiligabends und am ersten Weihnachtstag fuhr ein Teil unserer Bauern wieder Langholz („Reparationsholz"). Im Laufe des Jahres 1947 baute Münter (Potthagen) auf seinem Gehöft eine Feldscheune.

1948

Im Januar nimmt Herr Stark an einem vierwöchigen pädagogischen Lehrgang am pädagogischen Institut der Universität Greifswald in Putbus teil.

Herr Kaletta, Diedrichshagen, ist entnazifiziert und ihm wird die vorläufige Verwaltung der Lehrerstelle in Groß Schönwalde übertragen. Er wird aber gleich darauf nach Pruchten bei Barth versetzt. Nach Groß Schönwalde kommt mit Wirkung vom 1. Januar der Kollege Wilhelm Schröder aus Velgast. Er tritt sein Amt am 20. Januar 1948 an.

Alle PG - Lehrer sind nicht beurlaubt, sondern entlassen. Sie können nach ihrer Entnazifizierung neu angestellt werden, müssen aber eine Stelle in einem anderen Kreis übernehmen. Es sind dies aber nur wenige.

Anfang Januar endet die Vertretung von Herrn Jürgens in Groß Schönwalde, so dass er jetzt wieder mit seiner ganzen Kraft in Weitenhagen arbeiten kann. Sämtliche Lehrkräfte müssen einen 7 Seiten umfassenden Personalbogen ausfüllen und einreichen (9. Januar).

Der neue Leiter der Schulabteilung bei der SMA in Schwerin ist Oberst Teschnitschenko. In Ausführung des Befehls Nummer 209 der SMA sollen im laufenden Jahre im Kreis Greifswald 750 Gehöfte für Neubauern errichtet werden. Wegen Materialmangels werden Ziegelsteine aus Abbrüchen von Kasernen und Gutshäusern verwendet und insbesondere auf die Lehmbauweise zurückgegriffen. Die FDJ wird zur Mithilfe aufgerufen. Alles Rohr soll restlos gemäht werden und wird für den Bau der Neubauerngehöfte beschlagnahmt.

Am 23. Februar beginnt an unserer Schule die durch die „Volkssolidarität" und das „Evangelische Hilfswerk" eingerichtete Schulspeisung. 50 Kinder erhalten 4 Wochen lang ein warmes Mittagessen.

Herr Regierungsdirektor Säuberlich (Schwerin) ist beurlaubt und kehrt nicht wieder in sein Amt zurück. Ende März werden im Grubenhagener Walde alle starken Eichen heruntergenommen, nachdem die beiden infrage kommenden Eichenjagen im Weitenhagener Wald kahlgeschlagen und abgeliefert worden sind.

In der Schule soll nach den Osterferien nach neuen, verbesserten Lehrplänen vom 1.9.1947 gearbeitet werden.

Am 18. März findet in der Schule die Hundertjahrfeier der Revolution von 1848 statt. Herr Stark hält die Festansprache, die in der Forderung nach „Einheit und gerechtem Frieden" ausklingt. Aus Anlass dieses Tages erläßt Marschall der

Sowjetunion Sokolowski einen Amnestiebefehl, unter den alle zu Freiheitsstrafen bis zu einem Jahr Verurteilten mit Ausnahme der Spekulanten und Schieber fallen. Am 19. März ist in der Schule ein Elternabend aus Anlass der Verabschiedung der Ostern die Schule verlassenden Kinder, und am 20. März werden mit dem Schulabschluss die Zeugnisse verteilt. Zur Entlassung kommen im laufenden Jahr 1948 insgesamt 20 Kinder, und zwar 12 Knaben und 8 Mädchen, davon auf Antrag schon jetzt 11 Kinder (8 Knaben und 3 Mädchen). Die übrigen 9 werden am Schluss des Schuljahres am 28. Juli entlassen. Von den genannten 11 Kindern gehen Horst Rossow (Umsiedler in Grubenhagen) und Ingrid Zantow (Umsiedler in Helmshagen) auf die Oberschule, Inge Paul, Tochter des Schmiedes Ernst Paul in Weitenhagen (arbeitet in Greifswald) auf die Zentral - Grundschule in Greifswald über.

Osterferien sind vom 21. März bis zum 1. April einschließlich. Nach Ostern wird die Schulspeisung noch einmal 4 Wochen lang durchgeführt. Anfang April sind wieder mehrere Einbruchdiebstähle im Dorf und in der Umgebung bekannt geworden (ein Kalb, Hühner, Tabak u. a.).

Vom 4. bis zum 11. April ist die Woche der Volkssolidarität. Eine Feier am 11. April 1948, 15.00 Uhr, bei Lohrke, findet für die Kinder statt und um 20.00 Uhr für Erwachsene. Sie wurde durch Darbietungen des Kindergartens und der Schule ausgestaltet, von denen folgendes Poem hier festgehalten sei:

Liebe Leute haltet Ruh!
Hört uns bitte einmal zu,
was wir euch hier Schönes sagen
aus dem Dörfchen Weitenhagen.
Drinnen wohnen viele Leute,
Dumme soviel wie Gescheite,
die woll'n wir uns jetzt ganz leise
anschauen hier auf unsere Weise.
Unser Dörfchen liegt sehr schön,
schnell kann man ins Städtchen gehen;
doch der Landweg welch ein Graus!
Kein Mensch bessert ihn mal aus.
Nicht allein auf diesem Wege
suchen wir die Straßenpflege,
auch im Dorf an jeder Eck'

geht bis an die Knie der Dreck.
Wenn wir alle mit anfassen,
könnt sich das leicht ändern lassen.
Ja dann wär es wunderschön,
jeder könnte sauber gehen.
Unsere Schule schön und stolz,
steht am Wald und hat kein Holz.
Alle Kinder müssen frier'n,
„kein Minsch künn dat Schaulholt führ'n!"
Wir bitten euch: seid hilfsbereit!
Dann kommt's dies Jahr nicht so weit.
Dann werden unsere Kinderchen
gern in ihre Schule gehen.
Beim Vergnügen gibt's hier Keile,
mancher kriegt ne dicke Beule,
mit dem Stuhlbein auf und drauf.
Wann hört das mal endlich auf?
Wisst ihr, wer der Bürgermeister?
Mensch so'n Großer, Rakow heist er!
Er macht sich stets große Müh'
um die Menschen und das Vieh.
Gibts was Schwieriges,
dann bringt Rettung nämlich
die Gemeindevertretung,
wo die großen Reden steigen.
Wir woll'n von den Taten schweigen.
Dicht am Walde wohnt als erster
Kluczyk, unser großer Förster.
Gern kommt zu ihm jedermann,
denn er fängt mit „Huijai" an.
Als des Försters rechte Hand
ist Otto Möller uns bekannt.
Ihm macht jeder sehr viel Kummer,
wer sein Holz holt ohne Nummer.
Nun zum Schluss ihr lieben Gäst',
haltet nicht das Kleingeld fest,

wenn die Büchse zu euch geht,
übt Volkssolidarität!
Unser Spielchen ist nun aus,
doch ihr geht noch nicht nach Haus.
Drum wünschen wir euch eh´ wir gehen:
viel Spaß und „Auf Wiedersehen"!

(G. Stark)

Für die Zentralheizungsanlage unserer Schule wurde von der Firma Grönhagen (Greifswald) der Ofen aus dem Gutshause (Schule) Neuenkirchen hierher gebracht. Er kann aber noch nicht angeschlossen werden. da es an Karbid und Sauerstoff für die nötigen Schweissarbeiten fehlt.

Am 16. April kam Dr. Eichel von der pädagogischen Fakultät Greifswald das erste Mal mit seinen Turnstudenten und in der Folge wöchentlich einen Vormittag zur Ableistung des Praktikums der Studenten.

In der „Landeszeitung" vom 20.4.1948 war ein Artikel über die Einheitsschule erschienen. Aus diesem Artikel stammt das folgende Zitat: „Es wird viel von der Einheitsschule gesprochen, ihre Einrichtung allgemein gebilligt und dennoch ihr eigentlicher Sinn oft nicht verstanden. Es wäre sonst unmöglich, dass Gedanken auftauchen könnten, die sich bemühen, dafür zu werben, Volks- und Mittelschulen nebeneinander laufen zu lassen.

Der Begriff der Einheitsschule umschließt die Forderung, dass eine einheitliche Grundbildung dem gesamten Volke zugänglich gemacht werden müsse. Diese einheitliche Grundbildung erhält jeder Schüler zunächst in der Grundschule. Da aber die Allgemeinbildung des Jugendlichen mit 14 Jahren nicht abgeschlossen sein kann, wird die Übermittlung des Wissens in allen allgemeinbildenden Fächern und im Wissen über das gesellschaftliche Leben bis zum 18. Lebensjahr in den auf der Grundschule aufgebauten Schularten fortgesetzt. Das geschieht in der Oberschule neben dem Spezialunterricht, der den Schüler für die Erwerbung wissenschaftlich betonter Kenntnisse vorbereitet und in der Berufsschule neben dem Spezialunterricht, der dem Schüler Kenntnisse für praktische Berufe vermittelt.

Diese gesellschaftlich äußerst wichtige Aufgabe beider Schularten wird leider oft vergessen, und besonders, was die Berufsschule anbetrifft zum mindesten unterschätzt. Hierin aber gerade - in der allgemeinbildenden Tätigkeit beider Schularten - liegt die Einheitlichkeit unseres neuen Schulaufbaus, der die alte Klassenschule ablehnt.

93

Die Volksschule konnte, als Abschluß gesehen, nur eine völlig unzureichende Allgemeinbildung vermitteln. Die Mittelschule schuf Halbgebildete, deren Wissen für mittlere Berufe als genügend angesehen wurde, die aber gesellschaftlich stets als zwischen den Klassen stehend galten. Als dünne Schicht der Gebildeten wurden nur die etwa 5 bis 7 Prozent derer anerkannt, die durch Oberschulen zu gehen Möglichkeit und Gelegenheit hatten. Diesem Zustand macht die Einheitsschule ein Ende.

Das Schlussziel unserer Grundschule und unsere Berufsschule liegt weit über dem der alten Volks- und auch Mittelschule. Man darf die frühere Volksschule nicht mit der neuen Grundschule gleichsetzen und soll auch nicht versuchen, die Kluft, die zwischen ihr und dem Gymnasium bestand, auch zwischen unserer Grund- beziehungsweise Berufsschule und der heutigen Oberschule zu konstruieren. Auch der Arbeiter, der Bauer, die Hausangestellte, die technische Bürokraft werden durch unsere Einheitsschule zu Menschen mit hoher Allgemeinbildung erzogen werden. Man sehe sich daraufhin unsere Lehrpläne an…"

In Schwerin wird ein Landesschulmuseum eingerichtet.

In der Presse wird ausserdem folgendes mitgeteilt:

„Mit der Eröffnung der Fachschule für Land- und Hauswirtschaft in Malchow am 19. April 1948 hat eine Lehranstalt ihre Tätigkeit aufgenommen, die es Mädchen aus der Landwirtschaft ermöglicht, ihre Grundkenntnisse zu vervollkommnen. Wenn es früher nur Töchtern der ehemaligen Gutsbesitzer und höheren Beamten gestattet war, sich hier weiterzubilden, so ist jetzt dieses Privileg völlig gebrochen. Heute nehmen am Unterricht Töchter der Neu- und Kleinbauern, Arbeiter, Gewerbetreibenden und Angestellten teil. Es ist nicht der Geldbeutel des Vaters ausschlaggebend, sondern die Fähigkeit und der Wille der Schüler. Die Lehranstalt schafft für befähigte Schülerinnen die Möglichkeit zum Eintritt ins Hochschulstudium, andererseits gibt sie ihnen die Befähigung als landwirtschaftliche Leiterin in der Praxis tätig zu werden." („Landeszeitung" vom 22.4.1948)

Am 24. April wurde in Helmshagen das Richtfest des ersten Neubauernhauses (Szkola) gefeiert (s. Notiz in der Landeszeitung v. 27.4.1944). Zotzmann (Potthagen) baut ebenfalls ein solches in Helmshagen, am Damm nach Potthagen.

Richtfest des ersten Neubauernhauses 24.4.

Die FDJ hatte zum Richtfest eines ersten Neubauernhofes in unserem Kreise eingeladen. Das Haus wird in Helmshagen bei Greifswald gebaut. Helmshagen war früher ein Gut. Das Bauprogramm sieht zwölf Neubauernhäuser vor, Häuser, die den früheren Gutsarbeitern und denen, die durch den Krieg nach Helmshagen verschlagen sind, als Heim übergeben werden sollen.

Vor dem Hause sammelten sich alle, die an dem Werden des Baues Anteil genommen hatten: die FDJ, Landrat Rau, Oberbürgermeister Burwitz, Vertreter des FDGB, des Frauenbundes und der VdgB. Der Chor der Jugend gab dem traditionellen Brauch des Richtfestes eine besondere würdige Note. Jugendfreund K l a t t - k o w s k i , der Sekretär des Werks der Jugend Greifswald, sprach über das von der Jugend Geleistete. Etwa anderthalb Millionen Mauersteine sind allein durch die Arbeit der Jugendlichen

geworben worden. Diese Zahlen geben einen Begriff von der Freude, mit der die Jugend sich des Werkes annimmt. „Unsere Arbeit ist das Bekenntnis der fortschrittlichen Jugend", sagte Jugendfreund Klattkowski, „wir bauen an einem friedlichen Deutschland."

Landrat Rau, Oberbürgermeister Burwitz, Genosse Lindgreen als Vertreter der VdgB und Frau Klemperer vom Frauenbund überbrachten der Jugend die Glückwünsche ihrer Organisation.

Das Haus wird vom früheren Schmied des Gutes bezogen werden. Es vereint zwei größere Räume, Küche, Nebengelasse und den Stall unter einem Dach. Die Arbeit machte keine wesentlichen Schwierigkeiten. Das Material war rechtzeitig da, auch das Rohr zum Decken des Daches liegt, wie wir auf unsere Frage erfuhren, schon bereit.   -er.

Am 29. April ist in Weitenhagen eine Kontrolle der Personalausweise durch die sowjetische Polizei durchgeführt worden.

Am 1. Mai, dem Weltfeiertag aller Schaffenden, war ein Ummarsch durch das Dorf mit Musik. Fritz Barkuski, Opfer des Faschismus, führte den Festzug an. Nachmittags waren Kinderbelustigungen auf dem Schulplatz (Singen, Bändertanz um den Maibaum, Volkstänze, ein Freilichtspiel, Wettkämpfe). Förster Kluczik hielt eine Festansprache. Abends war Tanz bei Großklaus und Lohrke.

Seit einiger Zeit ist der Rügendamm bei Stralsund, der an 3 Stellen gesprengt war, wieder voll in Betrieb. „Der Demokrat" vom 23. April schreibt dazu u.a.: „Die Brücke wurde zur Übergabe vor den Augen der Kommission geklappt und niedergelegt. Wie in Friedenszeiten ist sie wieder voll automatisch in Betrieb und kann, falls das E-Netz, an dass sie angeschlossen ist, ausfällt, mit einem Dieselmotor betrieben werden. Falls auch dieser ausfallen sollte, so ist ein Handantrieb vorhanden…"

Kreisschulrat Nehls, Rostock, wird anstelle des Herrn Säuberlich Regierungsdirektor und Leiter der Schulabteilung im Ministerium für Volksbildung in Schwerin.

In vielen Gegenden des Landes wird über unerträgliche Wildschweinschäden geklagt. Das Abschießen der Wildschweine ist unmöglich, alle Waffen und Munition mussten abgeliefert werden.

Am 9. Mai 1948 sind 50 Jahre verflossen, seit dem Tage, an dem Karl Schultz in Gladrow bei Hanshagen am 9. Mai des Jahres 1898 durch den Königlichen Kreis-

und Ortsschulinspektor Superintendenten Hoppe (Hanshagen) in den Schuldienst eingeführt worden ist. 1900 wurde Karl Schultz nach Groß Schönwalde, im Jahre 1915 nach Weitenhagen versetzt.

Am 11. Mai fand eine Kreislehrerversammlung in Greifswald statt und am 14. Mai war der letzte Tag der Schulspeisung. Pfingstferien gab es vom 15. bis zum 19. Mai einschließlich.

Am 5. Juni zog Frau Wurch von Groß Schönwalde ins Schulhaus Diedrichshagen. Sie wohnt dort im Dachgeschoss, Herr Warstat in den unteren Räumen. Am 16. Juni räumt Herr Neumann die Lehrerwohnung - West unserer Schule und zieht nach Grimmen. Als endgültig letzter Räumungstermin war ihm vom Landrat der 15. Juni gesetzt worden.

Den von der Kirche 1945 eingerichteten Kindergarten im Gartenzimmer des hiesigen Pfarrauses versieht z. Zt. die Kindergärtnerin „Tante Ilse" (Ising). Den Religionsunterricht erteilt außer dem Superintendenten auch Frau Jürgens (Mutter) in einem Klassenraum der Schule auf Kosten der Kirche.

Am 18. Juni kontrolliert die russische Sprachlehrerin Frau Gau, Hanshagen, als Kreisreferentin den russischen Sprachunterricht in der sechsten Klasse unserer Schule.

Am 18. Juni 1948 erfolgte eine separate Währungsreform in den Westzonen Deutschlands.

Am 23. Juni 1948 ist mit Wirkung vom 24. Juni eine Währungsreform in der sowjetischen Besatzungszone, im allgemeinen eine Abwertung der Barbestände und Bankguthaben 1 : 10. An die Stelle der Reichsmark (RM) tritt die Deutsche Mark (DM).

Im Laufe des Juni erhielt die Schule 22 rm (Raummeter) Eichenscheid als Heizungsmaterial für den kommenden Winter.

In der Nacht vom 24. zum 25. Juni kommt der Mann von Frau Dietrich, Studienrat Otto Dietrich, aus russischer Kriegsgefangenschaft zurück, nachdem Ende März ihr Bruder Otto Schultz, Referendar jur., Sohn von Karl Schultz, aus französischer Gefangenschaft entlassen worden war.

Am 4. Juli unternimmt die Schule von Wieck aus einem Dampferausflug nach Sellin auf Rügen. Der Fahrpreis beträgt für Kinder 4 DM und für Erwachsene 8 DM.

In der Woche vom 2. bis zum 9. Juli wird hier auf sandigem Boden der Roggen angemäht, allgemeiner Beginn der Roggenernte ist am 20. Juli. Die Sommerferien sind vom 29. Juli bis zum 31. August einschließlich.

Mit dem 31. August tritt Karl Schultz auf seinen Antrag endgültig in den Ruhestand. Die Schule veranstaltet am 28. Juli eine Abschiedsfeier für die aus der Grundschule und aus der Berufsschule zur Entlassung kommenden Schüler und den scheidenden Lehrer Karl Schultz, der zuletzt die 3. Klasse unterrichtete, von der Ulrich Saß im Namen der Klasse folgenden Abschiedsgruß sprach:

Wir Mädel und Jungen von Klasse drei
sind heute Abend auch dabei
und stelln uns in der Abschiedsstunde
um unseren Lehrer in die Runde.
Unsere Eltern haben vor so viel Jahren
schon aus Ihrem Mund erfahren
das Einmaleins, das Alphabet
und was sich sonst noch fürs Leben versteht.
So wie Sie damals die Eltern betreut,
so waren Sie unserer Klasse bis heut`
ein guter Vater und Klassenleiter:
streng bei der Arbeit doch auch heiter,
Wenn wir Sie gar zu sehr baten und quälten,
bis Sie uns endlich eine Geschichte erzählten,
vom Kalif Storch, vom tapferen Schneiderlein,
das konnten Sie jedes Mal so fein;
von Hänsel und Gretel der Hex` mit dem Besen,
das haben wir immer so gerne gelesen!
Für Ihre Mühen, Ihre Plagen
möchten wir Ihnen „Danke" sagen;
und weil Sie heute von uns gehen,
sagen wir Ihnen „Auf Wiedersehen"!
reichen Ihnen herzlich die Hände,
und außerdem zum guten Ende
diesen schönen Blumenstrauß!
So, nun ist unser Verschen aus.
                    (G. Stark)

Zu Beginn des neuen Schuljahres am 1. September 1948 verabschiedet auch Kreisschulrat Renn in einer Feierstunde in der Schule den ausscheidenden Lehrer,

„nachdem dieser vor einigen Jahren wegen Arbeitsüberlastung bereits im Rektorat abgelöst wurde" und führte gleichzeitig den Schulamtsanwärter Karl Heinz Krüger aus Nepzin in sein Amt als kommissarischen Rektor in Weitenhagen ein.
Ab dem 1. September sollen alle über 65 Jahre alten Rektoren in ihrem Amt als Rektor durch junge Kräfte abgelöst werden, während ihnen die Möglichkeit offen bleibt, weiterhin im Schuldienst zu verbleiben, besonders den Flüchtlingslehrern, die alles verloren haben und durch ihre Schularbeit den Lebensunterhalt erwerben.
Von der Landesregierung ging folgendes Schreiben hier ein:

Landesregierung Mecklenburg   Schwerin, den 28.8.1948
Ministerium für Volksbildung
Abteilung Personal
G. Nr.: P.A. Schultz
- P. 3268/48 –
Herrn Rektor Karl Schultz, Weitenhagen
über Herrn Schulrat des Kreises Greifswald
Greifswald

Wunschgemäß werden Sie mit Wirkung vom 31. 8. 1948 aus dem Schuldienst des Landes Mecklenburg entlassen.
Mit dem Tage der Entlassung sind sämtliche mit dem Schuldienst verbundenen Ansprüche erloschen.
Für Ihre treue Mitarbeit am Neuaufbau der demokratischen Schule wird Ihnen hiermit Dank und Anerkennung der Landesregierung ausgesprochen. Zwecks Zahlung von Versorgungsbezügen wollen Sie sich an die zuständige Sozialversicherungskasse wenden.
I.A. gez. Schmidt
Oberregierungsrätin

Die Sozialversicherungskasse errechnete eine monatliche Rente von 157,80 DM, die ohne Steuer- und andere Abzüge voll gezahlt wird.
Herr Stark ist ab dem 1. September als kommissarischer Rektor nach Hanshagen versetzt, Herr Lewerenz von Grubenhagen als Lehrer nach Lüssow, Herr Klemm nach Grubenhagen, Frl. Böhm von Groß Schönwalde nach Weitenhagen. Ihre Stelle in Groß Schönwalde übernimmt Frl. Eveline Altwasser. Frl. Böhm erteilt bis zu den Herbstferien den Unterricht in Weitenhagen von Groß Schönwalde aus.

Herr Jürgens ist zu einem vierwöchigen Lehrgang im Pädagogischen Institut der Universität Greifswald in Putbus/Rügen einberufen. An seiner Stelle unterrichten in Weitenhagen bis zu den Herbstferien die Studentinnen der Pädagogischen Fakultät Greifswald Frl. Christa Muhs und Frl. Irene Schultz (nicht verwandt mit Karl Schultz), die an unserer Schule hospitieren. Sie bewohnen ein Zimmer im Dachgeschoss des Lehrerhauses West bei Gransow, dass nach ihnen Frl. Böhm bezieht.

Unser Lehrerkollegium setzt sich jetzt folgendermaßen zusammen: Karl - Heinz Krüger (kommissarischer Rektor), Hildegard Dietrich, Anni Schultz, Wolfgang Jürgens (z. Zt. vertreten durch Christa Muhs und Irene Schultz) Brigitte Böhm, Else Hausch.

Zum 1. September 1948 werden zur Entlastung der Schule in Grubenhagen alle Kinder aus Helmshagen, jetzt also auch die Klassen 1 bis 4, die so lange in Grubenhagen eingeschult waren, nach Weitenhagen übernommen, so dass die Schule in Grubenhagen nur die Klassen 1 bis 4 mit Kindern aus Grubenhagen betreut. Herr Klemm kann erst am 3. Dezember nach Grubenhagen ziehen, da seine Wohnung im Gutshaus nicht eher fertig ist.

Am 11. September findet eine Schulfeier statt: Gedenktag der VVN (Vereinigung der Verfolgten des Nazismus). Am 12. September ist der Ehrentag der OdF (Opfer des Faschismus), der deutschen und der internationalen Toten im Kampf gegen den Faschismus, zu deren Ehrung eine Großkundgebung in Berlin stattfindet.

Am 18. September wirft ein starker Weststurm das Obst fast restlos von den Bäumen und verursacht Schäden an Gebäuden.

Die Stelle des Ministerialdirektors in Schwerin geht ein. Ministerialdirektor Prof. Hoffmann wird Dekan der Pädagogischen Fakultät der Universität Greifswald. Der bisherige Dekan Prof. Dr. Struck geht nach Rostock. Regierungsrat Buchholz, Leiter der Lehrerausbildung (bis 1933 Schulrat in Stralsund, 1945 Schulrat in Greifswald) ist im August 1948 an die Zentral - Unterrichtsverwaltung in Berlin berufen worden.

Herbstferien sind vom 25. September bis zum 9. Oktober einschließlich.

Mit Wirkung vom 1. Oktober werden die auf Lebensmittelkarten zugeteilten Rationen pro Person und pro Tag erhöht.

Am Sonntag, den 3. Oktober ist Erntedankfest. Im Ort fanden keine besonderen Veranstaltungen statt.

Am 8. Oktober siedelt Herr Stark nach Hanshagen über. Frau Wurch ist als landwirtschaftliche Berufsschullehrerin in Diedrichshagen angestellt und versieht von dort aus auch die landwirtschaftliche Berufsschule in Hanshagen.

Am 4. November zieht Herr Krüger von Nepzin nach Weitenhagen. Er wohnte bis dahin in Herrn Starks Zimmer (südwestliches Zimmer im Gebäude Ost) und übernimmt nach Herrn Klemms Auszug dessen Wohnung. Am 5.12.1948 wird das zu diesem Hause gehörige Gartenland neu aufgeteilt.

Am 8. November hält Herr Stark an unserer Schule seine beiden Lektionen für die erste Lehrerprüfung: Klasse 6 „Bedeutungswandel"(Zensur: 1); Klasse 5 „Die Steinzeit" (Zensur: 2). Zur Prüfungskommission gehörten Kreisschulrat Renn, Schulrat Block, Rektor Krüger und Frau Hildegard Dietrich.

Frl. Böhm ist nach Zittow bei Schwerin versetzt, wo ihr Vater Lehrer ist. Sie unterrichtet hier aber noch weiter neben ihrer Nachfolgerin Frl. Hildegard Kühn, die am 9. November hier ihren Dienst antritt, bis zum 25. November und reist am 26. November nach Zittow ab.

Herr Krüger wird nach Züssow versetzt, um dort anstelle des verstorbenen jungen Rektors Schwede das Rektorat zu übernehmen. Am 7. Dezember erhält Herr Rektor Otto des nachträglich eingerichteten Rektorats Behrenhoff seine Berufung als Rektor nach Weitenhagen.

Diesen Winter fahren die Bauern wieder Langholz (Reparations - Holz) aus Weitenhagen, Hanshagen und Eldena.

In der Ostzone werden jetzt in den größeren Städten „Freie Läden"(HO, d.h. Handels - Organisation) eröffnet, in denen man bewirtschaftete Waren (jedoch ohne Fett und Fleisch) zu festgesetzten hohen Preisen ohne Bezugschein, Lebensmittelkarte oder Abgabe von Punkten kaufen kann; ebenso gibt es „Freie Gaststätten", in Greifswald z. B. im Kaufhaus Albert Erdmann, Ecke Fleischerstraße, gegenüber dem Rathaus, und im Kaffee Naumann, Ecke Markt/Johann Sebastian Bachstraße (Bismarckstraße). Am 4. Dezember veranstaltet die Volkssolidarität bei Großklaus eine Weihnachtsfeier, die wie im Vorjahr verläuft. Von der FDJ wird ein Lustspiel aufgeführt „In Potthagen ist ein Schwein gestohlen", das Superintendent Dr. Rolf Berg, Vorsitzender der Volkssolidarität, für diesen Zweck verfasst hat.

Weihnachtsferien sind vom 20. Dezember 1948 bis zum 9. Januar 1949 einschließlich.

1949

Ab dem 1. Januar 1949 tritt eine neue Rektoratseinteilung im Kreis in Kraft, durch die die Anzahl der Rektorate aus Ersparnisgründen von zuletzt 33 auf 23 herabgesetzt wird. Im Kreis gibt es rund 13.000 Schüler. Auf je 600 Kinder entfällt ein Rektorat. Weitenhagen erhält außer Groß Schönwalde und Grubenhagen noch Diedrichshagen zugeteilt. Es bleibt als kleinstes Rektorat auch weiterhin bestehen. In der näheren Umgebung kommt das Rektorat Behrenhoff zu Groß Kiesow, Kemnitz zu Hanshagen. Oberschulrektor Lange in Wolgast ist als Lehrer an die Oberschule in Neubrandenburg versetzt worden. In Lassan ist jetzt Rektor Bernheim.

Nach Erfüllung und teilweise Übererfüllung des Halbjahresplanes für die Wirtschaft der sowjetischen Besatzungszone Deutschlands beginnt am Montag, den 3.1.1949 der Zweijahresplan zu laufen und wird durch Versammlungen der Belegschaften in einer Anzahl von Betrieben in Gang gesetzt.

Vom 6. bis zum 12. Januar nimmt eine Kommission aus Greifswald (Kreispolizei) bei Großklaus die Personalien sämtlicher Einwohner aus Weitenhagen und den umliegenden Ortschaften auf, soweit sie über 15 Jahre alt sind, zwecks Ausstellung einheitlicher Personalausweise in der gesamten sowjetischen Besatzungszone.

Unser örtlicher Polizeibeamter ist z. Zt. Herr Lindstedt (bis 31.12.1950). Von dem 1. Januar 1950 an ist Greifswald unsere Polizeistation (An- und Abmeldung usw.).

Die von der Deutschen Wirtschaftskommission (DWK) am 24.11.1948 herausgegebene Kommunalwirtschaftsverordnung bestimmt, dass sämtliche gewerblichen Land- und forstwirtschaftlichen Betriebe und wirtschaftlichen Einrichtungen, die sich im Eigentum der Städte und Gemeinden befinden, zu Kommunalwirtschaftsverbänden zusammengefasst werden sollen.

Die Ablieferung von Fleisch, Milch und Eiern erfolgt ab dem 1. Januar nach der Größe des bewirtschafteten Landes, also nach Hektar (unter einem halben Hektar ist ablieferungsfrei), nicht wie bisher nach der Grösse des Viehbestandes, um diesen zu heben. Alte Leute, mit weniger als einem Hektar, ohne fremde Arbeitskräfte sind ebenfalls ablieferungsfrei.

Ab dem 1. Januar wird zum Bezug von Textilien und Schuhzeug die Punktekarte eingeführt (bisher waren dazu Bezugscheine nötig).

Seit Januar ist hier Herr Förster Schmolke stationiert als Nachfolger von Herrn Kluczik, der nach Neubrandenburg (bzw. nach Burg Stargard) versetzt ist.

Am 27. Januar hat Herr Warstat, Diedrichshagen, die 2. Lehrerprüfung mit dem Prädikat „gut" bestanden.

Seit dem 18. Januar besuchen die Schüler der ersten Klasse der hiesigen landwirtschaftlichen Berufsschule aus Guest die landwirtschaftliche Berufsschule in Diedrichshagen.

Der Verband der „Jungen Pioniere" nimmt in unserem Kreis seiner Arbeit auf. Eine Referentin des Verbandes besucht am 8. Februar um 11.00 Uhr unsere Schule. Die Schülerselbstverwaltung (Schülerräte) ist aufgehoben. Als äußeres Zeichen tragen die „Jungen Pioniere" ein blaues Halstuch in Dreieckform und ein Abzeichen.

Am 24. Februar beginnt in Rostock ein neuer Lehrerausbildungskurses. Zugelassen werden geeignete Bewerber mit ausreichender Volksschulbildung im Alter von 18 bis 35 Jahren, außer aktive Anhänger des Nationalsozialismus, sowie Offiziere und Berufssoldaten. Bevorzugt werden aufgenommen Töchter und Söhne der werktätigen Bevölkerung aus Stadt und Land.

Am 8. März bestand Herr Stark seine erste Lehrerprüfung mit „sehr gut". Wegen des Anfang März eingetretenen Winters wurde die Frühjahrsbestellung hinaus gezögert. Deshalb müssen die Bauern Langholz fahren. Der ganze Winter war äußerst mild. Am 14.3.1949 zeigte das Thermometer wieder plus 5 Grad Celsius.

Am 12. März fand in Greifswald eine Kreislehrerkonferenz statt, die mit einem gemütlichen Abend abschloss.

Die Dienststelle des Universitätskuratoriums ist aufgelöst worden. Die Aufgaben des Kuratoriums gingen auf den dem Rektor der Universität verantwortlichen Verwaltungsdirektor Roethe über. Der letzte Universitätskurator Franz Wohlgemut wurde in das Ministerium für Volksbildung in Schwerin berufen.

Vom 14. bis zum 16. März findet eine Vorerhebung der landwirtschaftlich genutzten Flächen statt, um die Erfassung der gesamten Fläche für die Ablieferung der Bodenerträge sowie von Fleisch, Milch und Eiern zu sichern. Im Laufe des Frühjahres wird in unserer Gemeinde der gesamte Grund und Boden neu vermessen, auch Hausgrundstücke, Gärten, Wege, Teiche, Gräben usw.

Am 20. März erhielten wir bei Großklaus unsere Personalausweise. Am 26. März inspizierte Herr Schulrat Block den Unterricht bei Frl. Kühn und Herrn Jürgens. Frau Dietrich ist zu einem vierzehntägigen Lehrgang für Lehrerbildner nach Berlin einberufen und reist am 27. März dorthin ab.

Die „Jungen Pioniere" übernehmen die Patenschaft für den neu anzulegenden Pflanzgarten der hiesigen Forst zwischen Potthagen und dem Waldarbeiterhaus Helmshagen.

Am 1. April wurde Marschall Sokolowski, der Oberbefehlshaber der sowjetischen Besatzungstruppen in Deutschland (SMA) durch Armeegeneral Tschuikow abgelöst.

In Weitenhagen herrscht die Hühnerpest, der ganze Bestände zum Opfer fallen.

Das Sekretariat der „Deutschen Wirtschaftskommission" (DWK), die z. Zt. die Regierungsfunktionen in der sowjetischen Besatzungszone ausübt, hat im Auftrage der SMV (Sowjetische Militärverwaltung) eine „Verordnung über die Erhaltung und Entwicklung der deutschen Wissenschaft und Kultur, weitere Verbesserung der Lage der Intelligenz und Steigerung ihrer Rolle in der Produktion und im öffentlichen Leben" beschlossen, die ein Bündnis von Wissenschaft und Arbeit besiegeln und den Wissenschaftlern und Technikern günstigere Bedingungen zum freien schöpferischen Schaffen zum Wohle des Volkes geben soll. Ihr Inhalt sei hier auszugsweise festgehalten:

1. Vom 1. April 1949 ab werden Ärzte im öffentlichen Gesundheitswesen und Lehrer in Lebensmittel - Karten Gruppe 2 (bisher 4) eingestuft.
2. Es soll ein Fonds von 10 Millionen DM gebildet werden für die bevorzugte Finanzierung des Baues von Eigenheimen der Wissenschaftler, Schriftsteller, Künstler, Ingenieure, Ärzte und Lehrer.
3. 1949 sollen 3000 Häuser der genannten Angehörigen der Intelligenz instandgesetzt werden.
4. Eine Million Zentner Kohle im Jahre sollen für sie zusätzlich bereitgestellt werden.
5. Zwei Erholungsheime in Bad Heiligendamm und in Elend im Harz und ein Sanatorium in Bad Köstritz sollen für sie bereitgestellt werden.
6. Eine neue bevorzugte Ordnung der Einkommensteuerveranlagung soll für sie ab dem 1. April 1949 festgesetzt werden.
7. In Berlin soll bis zum 1. September 1949 ein Zentralinstitut und bis zum 1. Januar 1950 in jedem Lande eine Zweigstelle desselben zur Förderung der Lehr- und Erziehungstätigkeit an den Schulen geschaffen werden.
8. Für 1949 werden 21 Millionen D - Mark für den Neubau und die Instandsetzung von Schulen vorgesehen.
9. Hervorragende Lehrer der Schulen sowie Spezialärzte des öffentlichen Gesundheitswesens sind mit der Aufmerksamkeit, Fürsorge und Achtung des gesamten Volkes zu umgeben. Zur Auszeichnung ihrer Verdienste für das Volk sind Ehrenbezeichnungen einzuführen.

Personen, denen solche Ehrenbezeichnung verliehen wurden, erhalten folgende Bevorzugungen: Versorgung mit Lebensmitteln und Industriewaren nach der Karte 1 und Zusatzverpflegung der 1. Kategorie, unentgeltlicher Unterricht für ihre Kinder an Fach- und Hochschulen und Gewährung entsprechender Stipendien, Gewährung einer Personalrente in Höhe von 3600 DM jährlich bei Verlust der Arbeitsfähigkeit.

Ab dem 1. April erhalten die Lehrer Lebensmittelkarte 2 statt bisher 3.

Am 8./9. April herrscht ein starker Schneesturm, der unter anderem auch Masten der elektrischen Leitung umlegt.

Am 10. April werden 21 Mädchen und 17 Jungen eingesegnet.

Aus Anlaß der Weltfriedenskonferenz in Paris am 22. April findet eine Schulfeier statt. Der Unterricht fällt aus.

Ab dem 28. April vertritt Herr Jürgens an der Schule in Groß Schönwalde, da Herr Schröder nach Wolgast versetzt, Frl. Altwasser krank und der ab dem 1. April von Fritzow nach Groß Schönwalde versetzte junge Rektor Herr Baumann noch nicht da ist.

Der 1. Mai, der Feiertag der Schaffenden, steht im Zeichen des Zweijahresplanes des Aufbaues, des Kampfes um die Einheit Deutschlands und eines gerechten Friedens. Es gibt folgendes Programm: 14.00 Uhr, Gottesdienst, 15.00 Uhr Antreten bei Scheidel (Grenzgraben Potthagen), Ummarsch durchs Dorf mit 5 geschmückten Wagen, 6 Mann Musik und einer langen Reihe von Fußgängern bis zum Gemeindehaus, dem letzten Haus in Weitenhagen am Wege nach Guest, von da zum Schulplatz, auf dem ein mit bunten Bändern geschmückter Maibaum aufgestellt ist. Es folgen eine Festansprache, Tanz der größeren Schulmädchen um den Maibaum sowie Kinderbelustigungen. Die Musik spielt dazu. Abends ist Tanz bei Lohrke und bei Großklaus.

Am 5. Mai wird die seit dem 15. Juni 1948 während Verkehrssperre zwischen der Ostzone und den Westzonen und den Ost- und Westsektoren in Berlin mit Wirkung vom 12. Mai 1949 aufgehoben. Es treten die vor dem 1. März 1948 festgesetzten Bestimmungen wieder in Kraft. So gibt zum Beispiel die Post bekannt, dass nach den Westzonen wieder zugelassen sind: Briefe bis 1000g, Drucksachen, Warenproben, Mischsendungen und Wertbriefe. Zu Reisen aus der Ostzone nach einer der Westzonen braucht man einen Pass, zu dessen Erlangung unter anderem eine Aufenthaltsgenehmigung des zuständigen Landrates, in dessen Bereich das

Reiseziel liegt, vorzulegen ist, ebenso für Reisen vom Westen in die Ostzone. An der Grenze wird das Gepäck kontrolliert.

Am 23. Mai treten die 4 Außenminister der Besatzungsmächte (der sogenannte „Außenministerrat") in Paris zusammen zur Besprechung von Fragen über Deutschland; unter anderem auch über die Berliner Währung. Im Ostsektor von Berlin ist die Ostmark, in den Westsektoren die Westmark gesetzliches Zahlungsmittel.

Pfingstferien sind vom 4. bis zum 9. Juni einschließlich.

Am 21. Juli veranstaltet die Schule einen Elternabend, verbunden mit der Entlassung der Kinder, die ihre Grundschulpflicht beendet haben. Am 24. Juli hält Frl. Kühn einen Elternabend für die Klassen 1 bis 4 ab und am 30. Juli veranstalten die jetzt ältesten Schulkinder für die am 21. Juli. entlassenen Kinder eine Abschiedsfeier in der Schule.

Im Juli 1949 werden auf der Feldmark Weitenhagen zum ersten Mal Kartoffelkäfer gefunden.

In der Schule wird weiterhin nur die lateinische Schreib- und Druckschrift gelehrt, als Ausgangsschriftform die Blockschrift. Bis 1941 lernten die Kinder als Ausgangsschrift und während der ganzen Schulzeit die deutsche Schreib- und Druckschrift und daneben die lateinische Schreib- und Druckschrift.

Sommerferien waren vom 29. Juli bis zum 31. August einschließlich.

Am 1. September beginnt das neue Schuljahr 1949/50.

Herr Stark war zu Beginn des neuen Schuljahres 1948/49 als Rektor nach Hanshagen versetzt, Herr Warstad, Diedrichshagen, als Lehrer nach Schmatzin (seit 1950 Kreisschulrat in Usedom), Herr Jürgens ab 1.9.1949 nach Salchow, Herr Klemm, Grubenhagen, nach Wampen. Letzterer scheidet auf seinen Antrag vom 1. Dezember 1949 aus dem Schuldienst aus, wohnt vorläufig aber noch in Grubenhagen. Sein Nachfolger in Grubenhagen ist ab dem 1. September Herr Temlitz von der Schule in Klein Zastrow. Wieder in den Schuldienst eingestellt wird der Lehrer Herr Falkenberg, der so lange in Neuenkirchen Wohnung gefunden und von dort aus die Sammlung der Arzneikräuter durch die Schulen in der Umgebung Greifswalds geleitet hatte, ab dem 1. September an der Schule in Diedrichshagen.

Frau Dietrich ist ab dem 1. September als werdende Mutter beurlaubt bis zum 7. Dezember einschließlich. Am 24. September wird ihr 2. Sohn Reinhard geboren. Helmut wurde am 27. April 1949 5 Jahre alt.

Am 1. September leistet der stud. päd. Richard Woldt, Sohn des im Ruhestand hier lebenden und jetzigen Organisten (seit 1939) Herrn Karl Woldt, während der Semesterferien 3 Wochen lang sein Praktikum an unserer Schule ab, ebenso seit dem 6. September die Studentin Frl. Vetter, die die Klasse von Herrn Jürgens betreut, und ab dem 12. September bis zu den Herbstferien 2 weitere Studentinnen der Pädagogik. In diesem Jahr haben keine Studenten mit ihren Lehrern in ihren Fächern wöchentlich einige Stunden in den einzelnen Klassen unserer Schule hospitiert, wie es in den letzten Jahren der Fall war, weil ihnen durch den langen Hin- und Rückweg zu viel Arbeitszeit verloren geht.

Seit etwa einem Jahr sind die dem Rektor zur Verfügung gestellten Mittel zu Aufwendungen für den äußeren Schulbetrieb sehr knapp bemessen. Einige Rektoren können nicht einmal die Reinmachefrauen bezahlen. Manche Schulen sorgen selbst für Ergänzung dieser Mittel durch Schulveranstaltungen.

Die Wechselstuben an der Zonengrenze und in Berlin tauschen z. Zt. 1 Westmark gegen 5,60 Ostmark und umgekehrt. Die amtlichen Umtauschstellen diesseits der Zonengrenze tauschen 1 Westmark gegen 0,80 Ostmark um.

Am 1. September wird der „Tag des Friedens" durch eine Schulfeier begangen. Der „Ausschuß für Einheit und gerechten Frieden" veranstaltet unter Leitung von Frl. Kühn am 1. September eine Friedenskundgebung im Saal von Lohrke: Lieder und Gedichte der Schulkinder, Ansprache: Frl. Kühn.

Neu aufgenommen werden 21 Kinder (12 Knaben und 9 Mädchen).

Oberbürgermeister Burwitz in Greifswald ist zum Oberbürgermeister in Rostock gewählt worden. Da Greifswald vorläufig keinen Oberbürgermeister wieder einstellt, leitet der bisherige Bürgermeister Bünning die Stadtverwaltung alleine weiter.

Der jetzige Leiter des Universitäts - Forstamtes in Edena heißt Berthold. Anstelle der bisherigen Vorstudienanstalten, die Arbeiter- und Bauernkinder auf das Studium an der Universität vorbereiteten, wird ab 1. Oktober eine Arbeiter- und Bauernfakultät (ABF) an der Universität Greifswald eingerichtet, zu deren Leiter der bisherige Oberschulrektor Fritze in Greifswald ernannt worden ist.

Dieser Sommer war außerordentlich trocken. Während das Getreide die Dürre noch einigermaßen zufriedenstellend überstand, litten die Hackfrüchte, besonders die Kartoffeln, die daher einen sehr geringen Ertrag brachten. Die erste Hälfte des September war sehr warm, zeitweise um plus 30 Grad Celsius. Es war die höchste Temperatur, die seit Beginn der Registratur des Wetters durch die Wetterwarte vor etwa 40 Jahren im September gemessen wurde.

Im September bestanden in Schwerin nach 12 monatigem Studium 30 Männer und Frauen des dritten Ausbildungskurses für Volksrichter und Staatsanwälte ihre Abschlußprüfung.

Herbstferien waren vom 2. bis zum 17. Oktober einschließlich.

In Potthagen - Heide brannte der Dachstuhl vom Stallgebäudes des Neubauern Östreich ab. Bei der Tonkuhle hatten Kinder Munition gefunden, das Pulver, dass sie den Geschossen entnahmen, angezündet und dadurch den Brand veranlasst, dem auch Geschirre und verschiedene Geräte zum Opfer fielen.

Am 10. Oktober hörten wir abends um 23.12 Uhr Im Radio die Übergabe der Verwaltungsfunktion der SMA in der sowjetischen Besatzungszone an die Regierung der „Deutschen Demokratischen Republik" durch den sowjetischen Armeegeneral Tschuikow. An die Stelle der sowjetischen Militärverwaltung tritt eine sowjetische Kontrollkommission. Sämtliche Verwaltungsgeschäfte gehen auf die neu gebildete Regierung der „Deutschen Demokratischen Republik" über. Die neue Verfassung tritt in Kraft. Der bisherige Deutsche Volksrat löst sich auf und bildet die provisorische Deutsche Volkskammer, der die Aufgabe zufällt, eine provisorische Regierung der Deutschen Demokratischen Republik zu schaffen.

Der 7. Oktober wird später als Feiertag anlässlich der Gründung der Deutschen Demokatischen Republik (DDR) begangen.

Ebenso werden die provisorischen Länderkammern eingerichtet und auch in den Kreisen und Gemeinden die Verwaltungsgeschäfte den kommunalen Körperschaften übertragen.

Die Oder - Neiße - Grenze wird als Friedensgrenze anerkannt.

Am 14. November um 14.00 Uhr überträgt der sowjetische Kommandant in Greifswald Oberstleutnant Grigoriev sämtliche Verwaltungsfunktionen, die bisher in den Händen der Kommandantur lagen, der deutschen Stadt- und Kreisverwaltung in Greifswald.

Am 14. Oktober ist eine Friedenskundgebung im Saal von Lohrke in Weitenhagen, veranstaltet durch den „Ausschuß für Einheit und gerechten Frieden".

Seit den Herbstferien unterrichtet hier, zunächst als Vertreter für Frau Dietrich, Herr Lehrer Kurt Bock von der Schule in Levenhagen. Am 1. November tritt Frau Remus in Weitenhagen ihren Dienst als Nachfolgerin von Herrn Jürgens an. Frau Remus hat 6 Semester an der pädagogischen Fakultät der Universität Greifswald studiert. Diesen Herbst sind die ersten in den pädagogischen Fakultäten Greifswald und Rostock in 6 Semestern voll ausgebildeten Lehrkräfte in den Schuldienst eingestellt worden.

Der 30. Oktober ist im ganzen Lande der „Tag der Schule". Überall finden an diesem Tage Schulbegehungen durch die Eltern und die sonstigen „Freunde der neuen Schule" statt, hier unter Führung durch den Rektor Krüger und im Beisein von Frl. Kühn, Frau Hausch und Frl. Schultz, wobei das äußere der Schule einer eingehenden Besichtigung unterzogen wird. Es nehmen teil: Der Bürgermeister Walter Rakow, der Vorsitzende der Gemeindevertretung Wegner, Kreistagsabgeordneter Scheidel und 11 weitere Einwohner. Rektor Krüger legt den Plan des Kreisschulrates dar, das Schulgebäude zwecks Schaffung weiterer Schulräume und eines Raumes für einen einzurichtenden Kindergarten zu verlängern, eventuell das Dachgeschoss auszubauen, die Badeeinrichtung in Gang zu bringen, Glühbirnen und Fensterglas zu beschaffen und die Abortgräben zu reinigen.

Es wird angeregt, einige Morgen Land ablieferungsfrei der Schule zur Verfügung zu stellen und von den Bauern bestellen zu lassen, um mit dem Ertrag die Schulspeisung durchführen zu können. Schulfremde Personen (Gransow, Weiß) sollen die Schulgebäude räumen. Diese Vorschläge werden dem Kreisschulamt vorgelegt, zur Berücksichtigung im nächsten Jahr.

Am Mittwoch, dem 2. November ist die Schule offen für die Eltern und die Freunde der neuen Schule, damit diese sich über den inneren Schulbetrieb informieren und eventuell Wünsche und Verbesserungsvorschläge vorbringen können. Eine Mutter erschien an diesem Tage.

Am 25. November besuchen Herr Kreisschulrat Renn mit seiner Sekretärin Frau Leben und Herr Rektor Baumann die hiesige Schule. Es werden insbesondere die Lehrerwohnungen besichtigt.

Der geplante An- und Ausbau des Klassengebäudes wird wegen der hohen Kosten (50.000 DM) fallen gelassen; dafür soll im Lehrerhaus West der jetzige Klassenraum 4 mit dem in der Südwestecke liegenden Zimmer zu einem größeren Klassenraum vereinigt werden, indem die dazwischenliegende Wand entfernt wird. (Dazu wird der Einbau eines starken Deckenträgers anstelle der Wand nötig sein.) Gransow und Weiß sollen mit ihren Familien die Hauswartswohnung räumen, um dort 2 Lehrkräfte unterbringen zu können. Unten soll eine weitere Lehrkraft das übrigbleibende Zimmer nebst Küche bewohnern.

Herr Baumann, 21 Jahre alt, solange in Fritzow, ist die Rektorstelle an der Mädchengrundschule in Wolgast übertragen worden, deren Geschäfte sein Vorgänger dortselbst, Herr Jürchott weiterführt. Herr Baumann wohnt im Schulhause in Groß Schönwalde und arbeitet auf dem Kreisschulamt. Der

Kreisausbildungsleiter, Herr Schulrat Block in Greifswald ist Inhaber der Rektorstelle in Hinrichshagen bei Greifswald, deren Funktionen der dortige Schulleiter Herr Lutz, früher Rektor in Gützkow, versieht. Die Stelle des Kreisausbildungsleiters wurde bald darauf eine Planstelle.

Im November erhielt das deutsche Volk wieder eine Nationalhymne, gedichtet von Johannes R. Becher, vertont von Hanns Eisler „Auferstanden aus Ruinen…"

Im Amtsblatt vom 26.11.1949 wird mitgeteilt: „Die Kreisräte Renn und Lehmann traten im Zuge der Ersparnismaßnahmen als solche zurück".

Ab dem 1. Dezember gibt es erhöhte Lebensmittelzuteilung. Karte 4 fällt weg. Die bisherige Gruppe 4 erhält die Grundkarte, die Gruppen 1, 2 und 3 dazu entsprechende Zusatzkarten. Lehrer (-innen) sind in Gruppe 2 eingestuft. Milch für Erwachsene, Käse und Eier gibt es noch nicht. Fleisch muss noch häufig durch Fische, die es sonst auch nicht gibt, ersetzt werden. An Fett wird Butter, Margarine oder Schlachtfeld ausgegeben. Bezüglich der Fische will man mittelfristig Abhilfe schaffen.

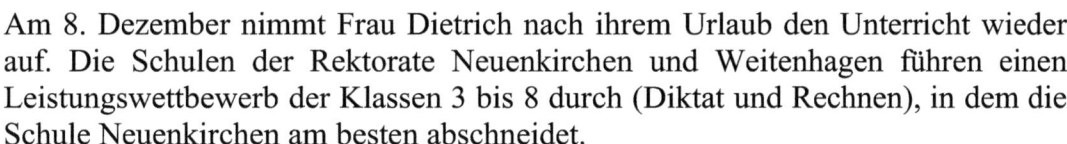

Eldenaer Brutanstalt vor der Wiederinbetriebnahme

Die einzige Fischbrutanstalt Mecklenburgs im Universitätsforst Eldena in der Nähe Greifswalds, die durch den Krieg verwüstet und ihres Inventars beraubt wurde, steht vor der Wiederinbetriebnahme. Da die westliche und mittlere Ostsee, wie die verstärkte Fischerei in diesen Gewässern zeigt, nicht mehr über bemerkenswerten Fischreichtum verfügt, ist der Arbeit der Brutanstalt in Eldena eine hervorragende Bedeutung zuzumessen. Bereits im nächsten Jahr werden 2430 kg Brut und 180 000 Setzlinge für die Greifswalder Fischerei benötigt.

„Der Demokrat" 9. Dez. 1949.

Am 8. Dezember nimmt Frau Dietrich nach ihrem Urlaub den Unterricht wieder auf. Die Schulen der Rektorate Neuenkirchen und Weitenhagen führen einen Leistungswettbewerb der Klassen 3 bis 8 durch (Diktat und Rechnen), in dem die Schule Neuenkirchen am besten abschneidet.

Im Dezember 1949 beschloss die provisorische Volkskammer ein „Gesetz zum Schutze der Arbeitskraft der in der Landwirtschaft Beschäftigten". Dadurch wurde auch in der Landwirtschaft die 48 Stunden - Woche und ein neuer Lohntarif eingeführt.

Am 20. Dezember ist der 70-jährige Geburtstag des Generalissimus Stalin (21. Dezember 1949) in der Schule gefeiert worden, ebenso in einer öffentlichen Versammlung im Saal Lohrke, wo Herr Lehrer Bock die Festansprache hielt. Die Zeitungen berichteten über große feierliche Kundgebungen in Berlin und im ganzen Lande.

Weihnachtsferien der Grundschule waren vom 21. Dezember 1949 bis zum 9. Januar 1950, der landwirtschaftlichen Berufsschule vom 24. Dezember 1949 bis zum 2. Januar 1950. Mit dem 31. Dezember 1949 scheidet Frau Hausch auf ihren Antrag aus dem Schuldienst aus.

Zwischen Weihnachten und Neujahr wurde die Dorfstraße durch Schutt- und Sandauftrag ausgebessert …

Einteilung Deutschlands in 4 Besatzungszonen
(1945, Autor unbekannt, Faltblatt)

Erläuterungen zur Karte:

Rot: russische Besatzungszone; Grün: englische Besatzungszone;

Blau amerikanische Besatzungszone; Gelb: französische Besatzungszone

1 Groß Berlin, 2 Provinz Brandenburg, 3 Mecklenburg - Vorpommern, 10 Land Sachsen, 13a Nordbayern, 13b Südbayern, 14a Nordwürttemberg, 14b Südwürttemberg, 15 Thüringen, 16 Großhessen, 17a Nordbaden, 17b Südbaden, 18 Saargebiet, Rheinpfalz, 19 Provinz Sachsen, 20 Land Hannover, 21a Nordwestfalen, 21b Südwestfalen, 22a Nördliche Rheinprovinz, 22b Südliche Rheinprovinz, 23 Gebiet Bremen - Oldenburg, 24 Gebiet Hamburg - Schleswig/Holstein, (4 – 9 z.Zt. von Polen besetzt)

Dreijähriger Junge in seiner Sportkarre
auf dem Holzhof von Fam. Schultz
zur Zeit des Hochwassers im März 1947